Como fazer monografia na prática

COLEÇÃO **FGV**  PRÁTICA

Como fazer monografia na prática

Takeshy Tachizawa
Gildásio Mendes

12ª EDIÇÃO

ISBN — 85-225-0260-9

Copyright © 1998 Takeshy Tachizawa e Gildásio Mendes

Direitos desta edição reservados à
EDITORA FGV
Rua Jornalista Orlando Dantas, 37
22231-010 — Rio de Janeiro, RJ — Brasil
Tels.: 0800-021-7777 — 21-3799-4427
Fax: 21-3799-4430
e-mail: editora@fgv.br — pedidoseditora@fgv.br
web site: www.fgv.br/editora

Impresso no Brasil / *Printed in Brazil*

Todos os direitos reservados. A reprodução não autorizada desta publicação, no todo ou em parte, constitui violação do copyright (Lei nº 9.610/98).

Os conceitos emitidos neste livro são de inteira responsabilidade dos autores.

1ª edição — 1998; 2ª, 3ª e 4ª edições — 1999; 5ª edição — 2000; 6ª edição — 2001; 7ª edição — 2003; 8ª edição — 2003; 9ª edição — 2004; 10ª edição — 2005; 11ª edição e 12ª edição — 2006; 1ª reimpressão — 2007; 2ª reimpressão — 2008; 3ª reimpressão — 2009; 4ª reimpressão — 2010; 5ª reimpressão — 2011; 6ª e 7ª reimpressões — 2012; 8ª reimpressão — 2013; 9ª reimpressão — 2014; 10ª reimpressão — 2015; 11ª reimpressão — 2017; 12ª reimpressão — 2019.

Revisão de originais: Ana Maria Grillo

Revisão: Aleidis de Beltran e Fatima Caroni

Capa: aspecto:design

Ficha catalográfica elaborada pela Biblioteca
Mario Henrique Simonsen/FGV

Tachizawa, Takeshy
 Como fazer monografia na prática / Takeshy Tachizawa, Gildásio Mendes. — 12 ed. — Rio de Janeiro: Editora FGV, 2006.

 152p. — (Coleção FGV Prática)

 Inclui bibliografia.

 1. Redação técnica. I. Mendes, Gildásio. II. Fundação Getulio Vargas. III. Título. IV. Série.

CDD-808.066

Sumário

Prefácio 9

Apresentação 11

PARTE I 15
Visão geral 16

Capítulo 1
Planejamento da monografia 17
   Fases de desenvolvimento da monografia 17
   Plano da monografia 20
   Exemplos de definição de planos de monografia 23

PARTE II 27
Visão geral 28

Capítulo 2
Escolha de um assunto ou tema 29
   Definição do assunto 30
   Definição do título da monografia 32
   Bibliografia 32
   Objetivo da monografia 33
   Tipos de monografia 34
   Relação de monografias ilustrativas 35

PARTE III 43
Visão geral 44

Capítulo 3
Monografia de análise teórica 45
   Estudo exploratório 47
   Elaboração do anteprojeto do trabalho 47
   Conteúdo básico e apresentação geral da monografia 48

Capítulo 4
Monografia de análise teórico-empírica 53
   Estudo exploratório 55
   Elaboração do anteprojeto do trabalho 55
   Conteúdo básico e apresentação geral da monografia 57

Capítulo 5
Monografia de estudo de caso 61
   Estudo exploratório 62
   Elaboração do anteprojeto do trabalho 62
   Conteúdo básico e apresentação geral da monografia 63
   Sugestão metodológica para a caracterização de uma empresa 66
   Estrutura pré-elaborada para desenvolvimento de monografias 68

PARTE IV 81
Visão geral 82

Capítulo 6
Relatório de trabalho de conclusão de curso e/ou estágio
supervisionado 83
   Planejamento do estágio 83
   Relatório do estágio 85

Capítulo 7
Artigos técnicos   89

Capítulo 8
Pesquisa e levantamento de dados na Internet   95
Endereços úteis para pesquisa   104

Capítulo 9
Recomendação para redação, digitação e edição   111
Sugestões para redação   111
Recomendação para a edição do trabalho final   117
Esboço ou protótipo da monografia   118
Estrutura do protótipo   118
Preenchendo o protótipo   120
O projeto de monografia   122
Apresentação final da monografia   126

Capítulo 10
Considerações finais   127
Exemplos de referências   131

Bibliografia   139

Apêndice 1
Termos básicos em trabalhos de iniciação científica, metodologia da pesquisa e Internet/Web   141

Apêndice 2
Estrutura de uma monografia (NBR 14724:2002)   147

Prefácio

Esta obra trata da *elaboração de monografias, de relatórios de estágios supervisionados e de trabalhos de iniciação científica em geral* e partiu da constatação de que os livros do gênero, no Brasil, em geral enfocam a questão com a aplicação de pressupostos metodológicos científicos rigorosos. Este tipo de abordagem é necessário em monografias com obrigações acadêmicas advindas de programas de pós-graduação em nível *stricto sensu*. Nesta categoria situam-se as dissertações de mestrado e teses de doutoramento, nas quais se exige um rigor metodológico compatível com o título concedido (mestre e doutor, respectivamente).

Entretanto, para cursos de graduação de qualquer área, programas de especialização *lato sensu* e, mais recentemente, cursos *MBA*, este rigor não é necessário, sendo suficiente um enfoque prático coerente com esses tipos de trabalho.

Tais monografias, que poderiam ser enquadradas, no máximo, na categoria de trabalhos de iniciação científica, exigem um enfoque instrumental no qual o objetivo acadêmico é atingido em curto prazo (menos de seis meses, por exemplo), diferentemente das monografias dos programas *stricto sensu* desenvolvidas a longo prazo (entre dois e cinco anos, em média). O que normalmente ocorre na prática é um trabalho se prolongar durante todo o tempo disponível para sua elaboração.

As obras que tratam da elaboração de monografias geralmente apresentam uma metodologia linear na qual cada etapa se sucede à anterior, de forma estanque, vagarosa, na qual cada etapa é discutida com o professor orientador. Além disso, nesta forma tradicional de desenvolvimento de monografias, tais etapas não levam em conta a Internet.

A utilização da Internet no desenvolvimento de monografias é considerada ao longo desta obra, desde a etapa de definição do assunto a ser tratado neste tipo de trabalho de iniciação científica.

Nossa proposta metodológica, além da abordagem prática, despojada do excessivo rigor científico de que se revestem as monografias dos programas *stricto sensu*, é elaborar *monografias* com o desenvolvimento simultâneo de todas as suas etapas. Tais monografias, metodologicamente, são desenvolvidas acessando os recursos da Internet, principalmente para a pesquisa e o levantamento de dados.

Dessa forma, o enfoque adotado é o desenvolvimento de todas as etapas, inclusive daquelas sugeridas por qualquer obra de metodologia de pesquisa, de forma globalizada e recursiva, e não necessariamente *uma a uma*, na sequência do primeiro ao último capítulo.

A proposta metodológica dos autores é a de que, juntando-se as etapas de anteprojeto e as de projeto final, pode-se ganhar tempo e obter uma monografia com mais objetividade e praticidade.

Tal proposta é ousada e inovadora. Entretanto, é uma metodologia amplamente testada nas situações acadêmicas a que a obra se propõe atender. Além de ter sido adotada nas diversas monografias dos próprios autores desta obra, esta metodologia foi utilizada também por professores orientadores e seus alunos de *graduação* e *pós*, pertencentes ao nosso círculo acadêmico, nas principais universidades brasileiras.

Trabalhos de conclusão de cursos de graduação, monografias de cursos de pós-graduação tanto *lato sensu* quanto cursos *MBAs*, monografias de iniciação científica, relatórios de estágios supervisionados e mesmo artigos e relatórios técnicos já foram desenvolvidos com a metodologia proposta nesta obra.

Embora não seja intuito desta obra *ensinar Internet*, procura-se explorar as possibilidades deste meio eletrônico para agilizar e tornar mais completa a monografia, bem como facilitar a disseminação dos resultados obtidos quando da conclusão do trabalho.

Apresentação

Dedicamos esta obra aos *graduandos* e *pós-graduandos* que necessitem de uma orientação prática no desenvolvimento de trabalhos voltados para o cumprimento das obrigações acadêmicas de cursos, qualquer que seja a sua natureza, das diferentes instituições de ensino brasileiras.

Este livro pode ser lido em qualquer ordem, considerando os interesses diversificados, bem como o diferenciado grau de conhecimento dos leitores, mas sugerimos que em condições normais se observe a ordem original.

A partir da parte III, contudo, a leitura pode ser diferenciada. Ou seja, com base na leitura dos capítulos 1 e 2, o leitor pode ir para os capítulos 3, 4 ou 5, dependendo do *tipo de monografia* a ser desenvolvido. Ou mesmo diretamente para os capítulos da parte IV, se o seu interesse for específico e relacionado aos assuntos abordados nesses capítulos.

As repetições ao longo desta obra são propositais e têm o objetivo de contribuir para uma melhor fixação das ideias.

A seguir, o conteúdo de cada uma das partes e respectivos capítulos deste livro.

A parte I, composta pelo capítulo 1, trata do *planejamento da monografia* para direcionar as atividades preparatórias do aluno na elaboração de seu trabalho.

No capítulo 1, "Planejamento da monografia", são tratadas as atividades exigidas em toda monografia e em trabalhos de iniciação científica em geral. O desenvolvimento desses trabalhos é feito em etapas logicamente encadeadas, conforme a própria forma de pensar do ser humano. São resumidas todas as etapas do ciclo completo de desenvolvimento da monografia. A proposta metodológica é o desenvolvimento simultâneo de todas aquelas etapas encadeadas logicamente.

A parte II, composta pelo capítulo 2, aborda a *escolha de um assunto ou tema* e a *delimitação do assunto* que irá compor a monografia.

O capítulo 2, "Escolha de um assunto ou tema", procura delimitar a extensão do tema, definir o título da monografia e a compreensão dos termos, determinar as circunstâncias, explicitar os objetivos, situar o assunto e formular o(s) problema(s). A sugestão é que o aluno desenvolva um trabalho relacionado com suas atividades profissionais ou um tema de sua área de especialização. Trata-se de estabelecer as fronteiras do trabalho. Neste capítulo o leitor irá encontrar sugestões para circunscrever o tema de forma simples e factível para os objetivos que se propõe atingir. Ou seja, uma vez escolhido, o assunto é delimitado de tal forma que possa ser aprofundado com os conhecimentos aplicáveis a um pequeno conjunto de elementos que compõem o campo de estudo a ser abordado.

A parte III, constituída pelos capítulos 3, 4 e 5, enfoca as três categorias básicas de monografia metodologicamente sugeridas pelos autores. É uma sugestão apenas para trabalhos de iniciação científica, de cunho prático e instrumental, portanto baseada na experiência prática dos autores. Em cada uma dessas categorias, enquadram-se tipos específicos de assunto/tema escolhido pelo aluno.

Porém, qualquer que seja o tipo de assunto/tema selecionado, o aluno deve ser capaz de integrar ideias e conhecimentos de bibliografia atualizada aplicável ao tipo de monografia escolhida, dentre as três categorias sugeridas, quais sejam: *monografia de análise teórica* sobre um assunto conceitualmente pesquisado bibliograficamente; *monografia de análise teórico-empírica* (trabalho de campo); *monografia de estudo de caso*.

No capítulo 3, "Monografia de análise teórica", pretende-se, após formulado e delimitado o tema, desenvolver um trabalho eminentemente conceitual, através de uma organização coerente de ideias originadas de um levantamento bibliográfico de autores consagrados cujas obras estejam relacionadas com o tema escolhido pelo aluno.

O capítulo 4, "Monografia de análise teórico-empírica", apresenta os elementos indispensáveis à elaboração do trabalho para esse tipo de monografia, que é uma análise interpretativa de dados primários em torno de um tema, com apoio bibliográfico. É o tipo de trabalho que mais se aproxima das monografias de caráter científico.

No capítulo 5, "Monografia de estudo de caso", procura-se estabelecer um roteiro prático para desenvolver uma análise específica da relação entre um caso real e modelos e/ou teorias.

Os elementos componentes deste tipo de monografia podem ser perfeitamente adotados em *relatórios de estágios supervisionados* e mesmo em relatórios de diagnose empresarial, qualquer que seja o tipo de organização estudada.

A parte IV, composta dos capítulos 6, 7, 8, 9 e 10, aborda os demais aspectos práticos relacionados à elaboração de uma monografia, trabalho de conclusão de curso e/ou relatório de estágio.

O capítulo 6, "Relatório de trabalho de conclusão de curso e/ou estágio supervisionado", estabelece uma analogia desta obrigação acadêmica com a elaboração de monografias na forma recomendada por esta obra. Estabelece o conteúdo do plano e relatório de estágio, normalmente exigido pelas instituições de ensino, de forma coerente com a normatização da ABNT.

No capítulo 7, "Artigos técnicos", aplica-se a metodologia sugerida para elaboração de monografias, combinada com técnicas apropriadas ao desenvolvimento de artigos técnicos e trabalhos afins.

O capítulo 8, "Pesquisa e levantamento de dados na Internet", aborda as recentes possibilidades apresentadas pela Internet, CD-ROM e outros meios eletrônicos e digitais.

O capítulo 9, "Recomendação para redação, digitação e edição", apresenta sugestões práticas para a redação/digitação da monografia e estabelece recomendações para a edição final.

E no capítulo 10, "Considerações finais", descrevem-se outras conclusões úteis a respeito de técnicas para o desenvolvimento de monografias, bem como da analogia que se pode fazer entre a monografia e outras formas de trabalhos técnicos e acadêmicos.

Nesta obra não serão tratados de forma aprofundada assuntos como:

❑ levantamento de bibliografia;
❑ leitura e documentação de material bibliográfico;
❑ técnicas de redação de texto;
❑ apresentação gráfica/forma de editoração do trabalho e outros detalhes de preparação de originais para publicação;
❑ forma de citação/referência bibliográfica, notas de rodapé e outros detalhes de metodologia científica.

Tais assuntos são encontrados nas normas da ABNT e na maioria das obras que tratam de metodologia científica, de elaboração de trabalhos de iniciação científica ou mesmo de manuais de orientação de trabalhos de graduação. Maiores detalhes podem ser pesquisados com base na bibliografia relacionada no final desta obra.

Da mesma forma, o relacionamento com o professor orientador e a própria defesa da monografia também não serão abordados nesta obra, por serem assuntos amplamente tratados na maioria das obras que versam sobre a elaboração de teses, dissertações e monografias.

PARTE I

*Orientar o trabalho de conclusão do curso
para as mudanças que os alunos queiram implantar
em suas respectivas organizações, ou área de interesse,
sistematizando conceitos do dia a dia profissional
incluindo-os no trabalho final, em forma de monografia.*

Visão geral

Para a efetiva conclusão de um curso de graduação ou de pós-graduação, o aluno deve apresentar uma monografia, que pode ser uma pesquisa bibliográfica, uma pesquisa empírica, um projeto de viabilidade, um estudo de caso, ou uma proposta/avaliação de intervenção organizacional.

Nesta obra, entende-se por *monografia* o trabalho destinado a cumprir uma obrigação acadêmica e de caráter de iniciação científica, diferente, portanto, de uma tese de doutoramento ou de uma dissertação de mestrado. Chama-se *monografia* porque o trabalho é, em essência, delimitado, estruturado e desenvolvido em torno de um único tema ou problema.

Neste contexto a proposta é, prioritariamente, orientar as atividades de desenvolvimento da *monografia* para importantes mudanças que os alunos queiram implantar em suas respectivas organizações, ou área de interesse, sistematizando conceitos vivenciados no dia a dia profissional e traduzindo-os para o trabalho final.

O aluno deve desenvolver uma monografia prática sobre um assunto de sua área de trabalho ao longo do curso e, principalmente, em seus últimos meses, como atividade extraclasse.

Na medida do possível, a *monografia* deve ser feita junto com o estudo das disciplinas do curso ao qual o aluno pertença, de preferência a partir da análise conjunta com o professor orientador de projetos de pesquisa (professor orientador de trabalhos de conclusão de curso, orientador acadêmico ou equivalente), de assuntos alternativos de interesse do aluno, que poderiam ser objeto de uma monografia prática.

O foco de atenção do aluno, se possível, deve ser o seu trabalho, para que a monografia prática consolide todas as atividades desenvolvidas no curso e na sua organização. Parte-se do pressuposto de que o processo ensino-aprendizagem se efetiva quando o aluno traz da organização, tanto da sua própria como daquela em que o estágio supervisionado se efetivou, e leva de volta a ela, as possibilidades de modificações no seu trabalho.

A aplicação dos ensinamentos recebidos compensa o investimento financeiro realizado ou o tempo despendido no curso frequentado pelo aluno. Tal orientação se aplica, portanto, aos alunos que estejam estagiando e que necessitem elaborar relatórios equivalentes a um trabalho de conclusão de curso, e também àqueles que ainda não exerçam atividades profissionais de qualquer ordem.

Para aqueles que ainda não têm um assunto definido para abordar na monografia, existem inúmeras fontes convencionais de consulta (como a leitura de revistas especializadas de seu ramo de atividade ou área de interesse), além da utilização da Internet.

Capítulo 1

Planejamento da monografia

Fases de desenvolvimento da monografia

O desenvolvimento de toda monografia segue etapas logicamente encadeadas. Inicialmente, conforme se depreende da figura 1, ocorre a *definição do assunto* a ser abordado pelo trabalho em termos de:

- escolha de um assunto ou tema;
- delimitação do assunto;
- estudo exploratório.

Figura 1
Etapas de uma monografia

Na **definição do assunto**, de acordo com o capítulo 2, ocorre a escolha de um tema digno de estudo, com o levantamento prévio da bibliografia relacionada, de forma a viabilizar a própria escolha do assunto. Este levantamento prévio pode ser feito nas fontes bibliográficas convencionais, como bibliotecas e acervos técnicos, e também na Internet.

O interesse do aluno por um tema que mereça ser desenvolvido na forma de *monografia* surge das mais diferentes maneiras, entre elas:

- em função de seu trabalho;
- momento profissional em que se encontra (mudança de emprego, por exemplo);
- leitura de livros e artigos de revistas especializadas de sua área de interesse;
- consultas a catálogos de teses, dissertações e monografias em geral, disponibilizadas de forma convencional nas bibliotecas e via Internet;
- leitura de mensagens/artigos de "listas de distribuição" — *mailing list* na Internet;
- troca de mensagens via Internet;
- informações obtidas via Internet sobre livros e demais publicações disponibilizados por livrarias e bibliotecas acadêmicas *on-line*;
- dados e informações obtidos em *home pages/sites* da Internet.

Posteriormente, é feita uma análise preliminar da monografia, com eventual suporte do professor orientador. Atividades voltadas para a *delimitação do assunto* e o *estudo exploratório* nesta fase de **definição do assunto** serão tratadas no capítulo 2. Esta fase é exaustivamente explorada pelas obras que versam sobre metodologia científica.

A seguir, desenvolve-se o **anteprojeto** (em termos práticos, seria uma espécie de rascunho do trabalho final/monografia), conforme descrito nos capítulos 3, 4, ou 5 (de acordo com o tipo de monografia), para apresentação ao professor orientador, quando a instituição de ensino exigir a participação do mesmo. As monografias devem ser enquadradas e tipificadas em uma das três categorias recomendadas, quais sejam:

- monografia de análise teórica;
- monografia de análise teórico-empírica;
- monografia de estudo de caso.

Planejamento da Monografia

Neste momento organizam-se as fontes bibliográficas disponíveis. Este levantamento pode ocorrer nas fontes bibliográficas convencionais, como bibliotecas e acervos técnicos, e na Internet. O produto final desta fase é o *plano detalhado da monografia*.

Uma vez viabilizado e aprovado previamente pelo professor orientador, o trabalho entra em desenvolvimento do *projeto final* (seria o rascunho/anteprojeto *passado a limpo*), que é a elaboração da monografia propriamente dita. Neste momento, de forma análoga à fase de anteprojeto, faz-se um levantamento complementar detalhado das fontes bibliográficas disponíveis. Esta fase compreende, inclusive, a edição/editoração e encadernação do trabalho (relatório final). O produto final desta fase é a própria *monografia*.

À fase de *projeto final*, devidamente aprovado pelo professor orientador, segue-se a *apresentação da monografia*, ou *defesa* em banca examinadora, quando assim exigir a instituição de ensino a que pertencer o aluno.

A avaliação da monografia pelos professores integrantes da banca examinadora, quando houver, normalmente ocorre com a aplicação dos seguintes parâmetros de análise:

- clareza do(s) objetivo(s) proposto(s) pelo trabalho;
- delimitação do problema a ser investigado;
- coerência entre objetivo(s) e o conteúdo do trabalho (proposta *versus* texto desenvolvido);
- tratamento metodológico;
- fundamentação teórica;
- adequação da linguagem;
- normas da ABNT aplicáveis ao desenvolvimento da monografia;
- argumentação e participação na apresentação oral.

Estes critérios de avaliação, exceção do último item, além de referenciais para a preparação da defesa da monografia em banca podem servir como elementos balizadores do desenvolvimento da monografia.

O aluno deve procurar obter informações sobre os critérios de avaliação que a instituição de ensino adota para proceder a uma autoavaliação antes da entrega da *monografia*.

Plano da monografia

O *plano da monografia*, ou relatório de planejamento da monografia, depende das exigências da instituição de ensino à qual pertence o aluno. No caso de estágio supervisionado, regulamentado por legislação federal, o *plano de estágio* é tratado no capítulo 6 desta obra.

Para as monografias em geral, sugere-se a escolha de um dos dois tipos de planos descritos a seguir.

A *primeira* possibilidade é que o plano da monografia seja desenvolvido de forma mais detalhada, de tal modo que seja o próprio *anteprojeto*, conforme explicitado no capítulo 3, se for o caso de *monografia de análise teórica* (ou capítulos 4 ou 5, se for o caso de *monografia de análise teórico-empírica* ou *monografia de estudo de caso*, respectivamente).

Uma segunda alternativa é que o *plano da monografia* seja simplificado, observando-se praticamente a mesma estrutura do trabalho final. *Sugere-se que seja adotada esta forma de planejamento de monografia* quando a instituição de ensino não estabelecer nenhuma regulamentação rígida a respeito.

Ambas as alternativas de elaboração de um plano para desenvolvimento de monografia podem incluir ainda elementos complementares, tais como:

- cronograma contendo as principais atividades inerentes ao trabalho;
- dimensionamento dos recursos humanos e materiais necessários;
- orçamento correspondente aos recursos a serem alocados ao trabalho.

No caso de o aluno utilizar cronograma, devem-se identificar as etapas de desenvolvimento da monografia, conforme explicitado na figura 1 deste capítulo. Ou seja, sugere-se que o cronograma contenha as seguintes etapas:

- definição do *objetivo* e levantamento preliminar da *bibliografia* referente ao tema (*formulário para a definição do plano da monografia* parcialmente preenchido);
- delimitação do assunto e estudo exploratório (preenchimento dos demais campos do *formulário para a definição do plano da monografia*: sujeito objeto, sujeito e objeto delimitado, título e tipo de monografia);
- anteprojeto na forma de relatório preliminar da monografia;
- entrega de relatório preliminar do anteprojeto da monografia;
- projeto final na forma de relatório definitivo da monografia;

- entrega de relatório definitivo da monografia (projeto final) e defesa da monografia (quando for o caso).

Este planejamento pode ser consolidado no seguinte formulário (em linhas gerais é uma síntese do anteprojeto):

Figura 2
Formulário para a definiçao do plano da monografia

DEFINIÇÃO DO PLANO DA MONOGRAFIA
Nome do aluno
Sujeito
Objeto
Sujeito e objeto delimitado
Título da monografia
Bibliografia
Objetivo
Tipo de monografia ( ) Análise teórica ( ) Análise teórico-empírica ( ) Estudo de caso

No campo *sujeito* deve ser explicitado o *universo de referência*, enquanto o campo *objeto* deve ser descrito o *tema propriamente dito*. Da mesma forma que o campo *sujeito e objeto delimitado* fixa e delimita a extensão desses dois elementos.

O campo *título da monografia*, que deve ser atribuído de forma preliminar (sem preocupação de ser definitivo), é definido por decorrência natural das definições dadas nos campos anteriores do formulário.

Já no campo *bibliografia* deve-se relacionar as fontes bibliográficas vinculadas ao assunto.

No campo *objetivo* deve ser descrito o problema de interesse do aluno, por exemplo: "resolver a deficiência do pessoal em termos de falta de capacitação profissional". Pode conter, de forma acessória e complementar (o que é necessário apenas nos casos de maior rigor metodológico), a pergunta de pesquisa (problematização) e hipóteses.

No campo *tipo de monografia* deve ser assinalado um dos três tipos de monografia metodologicamente recomendados neste livro.

Para facilitar a definição do objetivo da monografia, podem ser incluídos no verso do formulário os seguintes dados:

❏ descrição da atual posição do aluno em sua organização/empresa, natureza de seus trabalhos e suas respectivas responsabilidades;
❏ anotação de até três assuntos que poderiam ser objeto de uma monografia.

Todos os elementos do formulário são abordados no capítulo 2, "Escolha de um assunto ou tema", na parte II desta obra.

Exemplos de definição de planos de monografia

DEFINIÇÃO DO PLANO DA MONOGRAFIA
Nome do aluno
Keity Peres Gimenez
Objetivo
Apresentar os elementos necessários para auxiliar o gestor a tomar decisões relativas a outras empresas e, principalmente, em relação à sua própria organização.
Bibliografia
BRIMSON, James A. **Activity accounting: an activity-based costing approach.** New York: John Wiley Press, 1998. COOPER, R. Cost classification in quit-based and activity-based manufacturing cost systems. **Journal of Cost Management.** Boston: Fall 1999. TACHIZAWA, T.; MENDES, G. **Como fazer monografia na prática.** 10. ed. rev. ampl. Rio de Janeiro: FGV, 2005.
Sujeito
Indicadores contábeis e financeiros.
Objeto
Nível estratégico.
Sujeito e objeto delimitado
Indicadores contábeis e financeiros de nível estratégico.
Título de monografia
Indicadores contábeis e financeiros de nível estratégico aplicáveis a micro, pequenas e médias empresas.
Tipo de monografia
(X) Análise teórica ( ) Análise teórico-empírica ( ) Estudo de caso

DEFINIÇÃO DO PLANO DA MONOGRAFIA

Nome do aluno

Eliana Nascimento

Objetivo

Conscientizar os administradores de organizações que praticam transações eletrônicas do tipo *e-commerce*, comércio via Internet, quanto à necessidade de implementarem sistemas e tecnologias da informação, observando regras de segurança física e lógica para proteção dos dados transacionados.

Bibliografia

CORNER, P. D.; KINICKI, A. J. **Integrating organizational and individual information processing perspectives on choice.** New York: Organizational and Information Technology, 1999.

TACHIZAWA, T.; MENDES, G. **Como fazer monografia na prática.** 10. ed. rev. ampl. Rio de Janeiro: FGV, 2005.

Sujeito

Empresas que utilizam o comércio eletrônico.

Objeto

Sensibilização dos gestores.

Sujeito e objeto delimitado

Sensibilização dos gestores de empresas que utilizam o comércio eletrônico.

Título de monografia

Sensibilização dos gestores de empresas que utilizam o comércio eletrônico via Internet, quanto à segurança de dados.

Tipo de monografia

( ) Análise teórica   (X) Análise teórico-empírica   ( ) Estudo de caso

DEFINIÇÃO DO PLANO DA MONOGRAFIA

Nome do aluno

Maria Theresa

Objetivo

Desenvolver um diagnóstico organizacional visando a estabelecer uma compreensão sobre as possibilidades de utilização de técnicas de pesquisas de mercado em instituições de ensino superior.

Bibliografia

TACHIZAWA T.; ANDRADE, R. O. B. **Gestão de instituições de ensino.** 3. ed. Rio de Janeiro: FGV, 2002.
———; MENDES, G. **Como fazer monografia na prática.** 10. ed. rev. ampl. Rio de Janeiro: FGV, 2005.

Sujeito

Instituições de ensino superior.

Objeto

Técnicas de pesquisas de mercado.

Sujeito e objeto delimitado

Técnicas de pesquisas de mercado aplicáveis às instituições de ensino superior.

Título de monografia

As técnicas de pesquisas de mercado aplicáveis às instituições de ensino superior: um estudo de caso da Faculdade de Administração Beta.

Tipo de monografia

( ) Análise teórica   ( ) Análise teórico-empírica   (X) Estudo de caso

PARTE II

*É preferível escrever de forma
detalhada e consistente sobre poucas coisas
do que falar genericamente sobre muitas coisas.*

Visão geral

O assunto ou tema da monografia pode surgir de situações pessoais ou profissionais. Tais situações podem advir da experiência própria, da leitura de obras de autores consagrados ou de pesquisa na Internet, conforme explicitado no capítulo 8.

Entretanto, não é qualquer assunto que justifica a realização de um estudo. Alguns temas demandam apenas um pouco de reflexão ou uma rápida troca de ideias, não justificando, portanto, um estudo nos moldes propostos nesta obra. Da mesma forma, não é recomendável a leitura exaustiva de obras nem intensa pesquisa na Internet, se o aluno não tiver uma ideia, ainda que em caráter preliminar, do que pretende desenvolver como monografia.

A sugestão é que o aluno escolha um tema ligado a suas atividades profissionais. Dessa forma, pode capitalizar os resultados da monografia para o seu ambiente profissional, facilitando a especialização em uma área específica de seu campo de atuação. No caso de alunos que ainda não exerçam atividades profissionais de qualquer ordem, é aconselhável a escolha de um assunto no qual queiram se especializar no futuro, conforme orientação do capítulo 2.

Recomenda-se que o assunto, uma vez escolhido, seja delimitado para que se possa aprofundar e verticalizar conhecimentos, aplicáveis a um pequeno conjunto de fatores/variáveis que compõem o campo de estudo abordado. Ou seja, é preferível escrever de forma detalhada e consistente sobre poucas coisas do que falar genericamente sobre muitas coisas.

CAPÍTULO 2

Escolha de um assunto ou tema

A escolha de um tema digno de estudo depende de *critérios de seleção* tais como os mostrados na figura 3. Esses critérios, quando aplicados, resultam em um tema que:

- corresponda ao gosto e interesse do aluno-pesquisador;
- propicie experiências duráveis e de grande valor para o pesquisador;
- possua importância teórica e, principalmente, prática;
- corresponda às possibilidades de tempo e de recursos financeiros do pesquisador;
- seja viável em termos de levantamento de dados e informações.

Figura 3
Escolha de um assunto ou tema

Tipo de monografia ↕

Definição do assunto

- Critério de seleção
  ⇓
- Escolha do tema
  ⇓
- Delimitação do tema e formulação do problema

→ Anteprojeto monografia

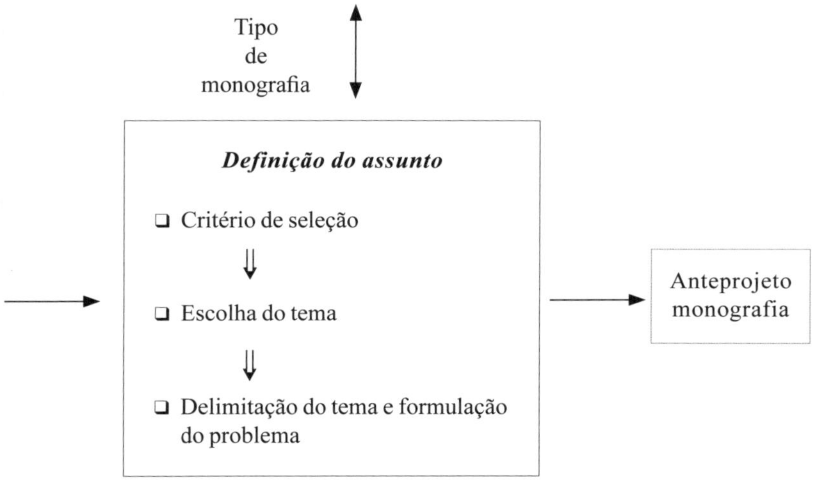

Para auxiliar na escolha de um assunto, sugere-se a utilização do formulário apresentado na figura 2 do capítulo 1.

Definição do assunto

Os assuntos a serem abordados pelo aluno em sua monografia surgem das mais diferentes maneiras:

- de seu trabalho;
- do momento profissional em que se encontra (mudança de emprego, por exemplo);
- de leitura de livros e artigos de revistas especializadas;
- da utilização da Internet;

O aluno deve evitar escolher temas como "o valor da ciência", "o desenvolvimento" ou "o estudo da administração", que, devido a sua extensão e generalidade, não permitem um tratamento sério e com profundidade.

Esses exemplos correspondem a temas de tratados enciclopédicos, não se prestando, portanto, a um estudo monográfico. Tal situação normalmente reflete a falta da delimitação do *sujeito* e do *objeto*.

Uma vez escolhido o assunto, a próxima tarefa é **demarcar seus limites**. Demarcar o assunto significa fixar sua extensão, delineando uma melhor compreensão do tema.

Inicialmente, é preciso distinguir o *sujeito* e o *objeto* de uma questão. O *sujeito* é o universo de referência. O objetivo de seu estudo é conhecê-lo ou agir sobre ele. Como *sujeito* pode-se considerar ainda o *assunto que pode dar ensejo ou lugar a alguma coisa*.

O *objeto* é o tema propriamente dito. No sentido gramatical é o complemento que integra a significação do verbo. Consiste no que se quer saber ou fazer a respeito do sujeito. É o conteúdo do trabalho.

Por exemplo, no tema "A formação de recursos humanos" tem-se como *sujeito*, que é o universo de referência, os *recursos humanos*, e como *objeto* ou conteúdo do trabalho a *formação*.

Em "A comercialização do produto X", o *produto X* é o *sujeito*, e *comercialização* é o *objeto*.

Posteriormente, é necessário fixar a extensão do sujeito e do objeto. **Fixar a extensão do sujeito** significa determinar o número ou a categoria de indivíduos ou casos a que o estudo pode se referir.

No primeiro exemplo citado, o sujeito refere-se aos *recursos humanos* em geral. Um estudo monográfico, entretanto, exige que se reduza a sua extensão, a fim de se chegar a um tema objetivo e preciso. No caso, pode-se reduzir o sujeito a "formação de recursos humanos na empresa A".

Assim, determinar a extensão do *sujeito* é fixar o seu "universo de referência".

Fixar a extensão do objeto é selecionar os setores, áreas ou tópicos do assunto que serão focalizados, de forma preferencial em relação a outros. No caso do exemplo citado, poder-se-ia focalizar a "formação humana", a "formação profissional" e afins.

Ainda quanto ao *objeto*, deve-se precaver quanto à natural propensão de esgotar o assunto tentando escrever tudo sobre todos os elementos envolvidos. Tal situação ocorre quando não se fixa claramente a *extensão do objeto*. O mesmo acontece quando não se chega à estruturação do *sujeito e objeto delimitado*.

Circunstâncias de tempo e espaço contribuem para limitar mais a extensão do assunto. No caso de "formação de recursos", é relevante acrescentar "na empresa A", dentre outras possibilidades relacionadas tanto à noção de espaço quanto à de tempo (...no período de 1995 a 1998).

Neste ponto é importante relembrar os conceitos clássicos de *objetivo* e de *meta*. **Objetivo** é aquilo que se deseja fazer; **meta** é o que se deseja fazer em determinado período de tempo e em determinada dimensão. Por exemplo: *fazer um curso de pós-graduação* é um objetivo, *fazer um curso de pós-graduação em gestão empresarial moderna no ano de 1999* é uma meta.

Outra sugestão para o aluno superar eventuais dificuldades na escolha do assunto é a análise de alguns dos objetivos do próprio *trabalho de conclusão de curso*, que é um relatório regulamentado pelas instituições de ensino. Esta análise:

- possibilita ao aluno o desenvolvimento de um trabalho de pesquisa sobre tema relevante na sua área;
- proporciona ao aluno a utilização do referencial teórico das disciplinas no estudo de problemas relevantes da sua área.

Definição do título da monografia

A delimitação da extensão do tema direciona o **título da monografia**. Pelo título pode-se distinguir entre o título geral e o título técnico (ou subtítulo), este geralmente aparecendo como um subtítulo que especifica a temática abordada. Por exemplo: "Organização flexível: qualidade na gestão por processos".

Neste exemplo, *organização flexível* refere-se ao título geral, enquanto *qualidade na gestão por processos* diz respeito ao título técnico (ou subtítulo). Por outro lado, o título geral indica mais genericamente o teor da monografia.

O título definido deve ser inserido no seu respectivo campo do *Formulário para definição do plano da monografia*. O aluno não deve ter, logo de início, uma preocupação excessiva com o título, uma vez que o mesmo pode ser alterado ao longo do desenvolvimento da monografia.

Bibliografia

No campo **bibliografia**, deve-se inventariar as fontes bibliográficas que viabilizem o desenvolvimento da monografia. Este levantamento pode ser feito em bibliotecas e acervos técnicos, assim como na Internet.

Um indício de que um tema é grandioso e inviável para ser desenvolvido na forma de monografia é a grande quantidade de livros, artigos e outros tipos de fontes na *bibliografia* do *Formulário para a definição do plano da monografia* (figura 2).

Se o contrário acontecer, ou seja, a quantidade de fontes de consulta/bibliografia for muito pequena ou inexistente, significa que o assunto/tema é inviável de ser desenvolvido no momento atual. Não confundir a inexistência de bibliografia com o momento inicial dos trabalhos de pesquisa, quando tal situação pode ser encarada como normal. Ou seja, inicialmente a bibliografia é sempre pobre ou inexistente. Neste caso, a sugestão, tão logo seja descoberta alguma obra relacionada ao objetivo da monografia, é que o aluno consulte a página no final da obra inicialmente identificada, para daí extrair outras obras consultadas/utilizadas pelo autor daquela.

No caso de a *bibliografia* identificada se mostrar insuficiente, o aluno deve repensar e, eventualmente, alterar o tema da monografia.

Objetivo da monografia

No campo *objetivo* deve ser descrito o problema de interesse do aluno, por exemplo: "resolver a deficiência do pessoal em termos de falta de capacitação profissional". Pode conter, de forma acessória e complementar (o que é necessário apenas nos casos de maior rigor metodológico), a pergunta de pesquisa (*problematização*) e hipóteses.

Quando o aluno encontrar dificuldades para definir o *objetivo*, recomenda-se uma breve descrição de suas atividades profissionais no verso do *Formulário para a definição do plano da monografia*, ou seja:

❏ descrição da atual posição do aluno em sua organização/empresa, natureza de seus trabalhos e suas respectivas responsabilidades;

❏ anotação de até três assuntos que poderiam ser objeto de uma monografia.

Através da descrição das atividades profissionais do aluno é possível desenvolver uma análise conjunta *aluno-professor orientador* para daí evidenciar/identificar temas alternativos e, por decorrência, extrair o *objetivo* da monografia a ser desenvolvida.

Uma vez escolhido o assunto (ou *objetivo*) da monografia, delimitado seu campo e definidos os seus termos, pode-se partir para a *problematização* do assunto. Ou seja, deve-se transformar o tema em problema(s).

Este procedimento permite chegar com maior precisão à raiz da questão a ser estudada. Por mais delimitado que tenha sido o assunto sempre há alguma indefinição. Suponha-se que o tema esteja assim formulado: "A formação técnica de operários para a indústria metalúrgica na cidade de São Paulo a partir de 1990".

À primeira vista nada mais delimitado. Contudo, não está dito o que se deseja saber a respeito da formação técnica, tornando-se necessárias algumas perguntas esclarecedoras, tais como: "o que significa formação técnica de operários?"; "quais os processos mais indicados para a formação técnica de operários?"; "a quem cabe a responsabilidade da formação técnica do operário?", e assim por diante.

Essas perguntas ensejam o tipo de resposta que se deseja. Através da problematização criam-se subsídios para constituir o esquema básico do trabalho a ser executado.

A explicitação da problematização pode ser inserida no campo *objetivo* do *Formulário para a definição do plano da monografia*.

Tipos de monografia

A monografia pode ser enquadrada em um dos seguintes *tipos*:

- *monografia de análise teórica*, representada por um trabalho teórico-conceitual sobre um assunto pesquisado bibliograficamente;
- *monografia de análise teórico-empírica*, que representa uma pesquisa empírica (trabalho de campo);
- *monografia de estudo de caso*.

Este item será desenvolvido na parte III.

Relação de monografias ilustrativas

A relação de monografias ilustrativas a seguir tem por finalidade auxiliar na definição do *sujeito*, do *objeto* e do título de uma monografia. O *sujeito* é o universo de referência, podendo ser coisas, fatos ou pessoas a respeito dos quais se realiza um estudo com o objetivo de conhecê-los ou de agir sobre eles. Pode-se ainda considerar sujeito o *assunto que enseja ou dá lugar a algo*; trata-se, enfim, do termo da oração do qual se declara alguma coisa.

O *objeto* é o tema propriamente dito. No sentido gramatical, é o complemento que integra a significação do verbo sem auxílio de preposição. Consiste no que se quer saber ou fazer com relação ao sujeito. É o conteúdo do trabalho.

Exemplificando com a expressão "formação de recursos humanos", tem-se como sujeito, que é o universo de referência, recursos humanos e como objeto, ou conteúdo do trabalho, a formação.

Como exemplo adicional tem-se "comercialização do produto x", em que o produto x é o sujeito e comercialização é o objeto.

Posteriormente é necessário fixar a extensão do sujeito e do objeto. *Fixar a extensão do sujeito* significa determinar o número ou categoria de indivíduos ou casos a que o estudo pode se referir.

No primeiro exemplo, o sujeito refere-se aos *recursos humanos* em geral; entretanto, um estudo monográfico exige que se reduza a sua extensão para se chegar a um tema objetivo e preciso. No caso, pode-se reduzir o sujeito a "formação de recursos humanos na Empresa A".

Portanto, determinar a extensão do sujeito é fixar seu universo de referência.

Fixar a extensão do objeto é selecionar setores, áreas ou tópicos do assunto que serão focalizados de forma preferencial em relação a outros. Quanto ao exemplo citado, poderiam ser focalizadas a formação humana, a formação profissional e afins.

Ainda quanto ao *objeto*, deve-se precaver contra a natural propensão a esgotar o assunto tentando escrever tudo sobre todos os elementos envolvidos. Em geral, tal situação ocorre quando não se fixa claramente a *extensão do objeto*. O mesmo acontece quando não se chega à estruturação do *sujeito* e *objeto* delimitado.

A delimitação da extensão do tema direciona o *título* da monografia. Na indicação do assunto do trabalho/monografia através do título, pode-se distinguir entre o título geral e um título técnico (ou subtítulo), este geralmente aparecendo como um subtítulo que especifica a temática abordada. Por exemplo: "Organização flexível: qualidade na gestão por processos". Neste exemplo, organização flexível se refere ao título geral, enquanto qualidade na gestão por processos diz respeito ao título técnico (ou subtítulo). Por outro lado, o título geral indica mais genericamente o teor da monografia. O título definido deve ser inserido no seu respectivo campo do formulário para definição do plano da monografia. A princípio o aluno não deve se preocupar em excesso com o título, uma vez que este pode ser alterado à medida que se desenvolve a monografia.

Relação de monografias ilustrativas:

Sujeito: Recursos humanos
Objeto: Formação
Sujeito e objeto delimitado: Formação de recursos humanos
Título: *A formação de recursos humanos na Empresa Alfa*

Sujeito: Produto X
Objeto: Comercialização
Sujeito e objeto delimitado: Comercialização do produto X
Título: *A comercialização do produto X no estado de São Paulo*

Sujeito: Gestão de recursos humanos
Objeto: Descentralização
Sujeito e objeto delimitado: Descentralização da gestão de recursos humanos
Título: *Descentralização da gestão de recursos humanos em uma empresa de transporte urbano*

Sujeito: Efeito da inflação
Objeto: Mensuração
Sujeito e objeto delimitado: Mensuração do efeito da inflação
Título: *Mensuração do efeito da inflação sobre os lucros dos bancos comerciais privados*

Sujeito: Pequena e média empresa
Objeto: Análise contábil financeira e avaliação de projetos
Sujeito e objeto delimitado: Análise contábil financeira e avaliação de projetos na pequena e média empresa
Título: *Análise contábil financeira e avaliação de projetos na pequena e média empresa: experiência e sugestões*

Escolha de um Assunto ou Tema 37

Sujeito: Sociedades anônimas
Objeto: Estrutura financeira
Sujeito e objeto delimitado: Estrutura financeira das sociedades anônimas
Título: *Estrutura financeira das sociedades anônimas: um estudo no âmbito das empresas do setor de comércio varejista*

Sujeito: Demonstrações financeiras
Objeto: Aspectos contábeis da conversão
Sujeito e objeto delimitado: Aspectos contábeis da conversão de demonstrações financeiras
Título: *Aspectos contábeis da conversão de demonstrações financeiras para moeda estrangeira*

Sujeito: Organizações hospitalares
Objeto: Gestão financeira
Sujeito e objeto delimitado: Gestão financeira em organizações hospitalares
Título: *Contribuição à gestão financeira em organizações hospitalares no Brasil*

Sujeito: Ensino de administração
Objeto: Simulação em forma de jogo de empresas
Sujeito e objeto delimitado: Simulação em forma de jogo de empresas aplicada ao ensino de administração
Título: *Simulação em forma de jogo de empresas aplicada ao ensino de administração com especialização em gestão de negócios*

Sujeito: Demonstrações financeiras
Objeto: Flutuações de preços e seus efeitos
Sujeito e objeto delimitado: Flutuações de preços e seus efeitos nas demonstrações financeiras
Título: *As flutuações de preços e seus efeitos nas demonstrações financeiras das empresas de capital aberto*

Sujeito: Rentabilidade das empresas
Objeto: Qualidade dos controles gerenciais e seus reflexos
Sujeito e objeto delimitado: Qualidade dos controles gerenciais e seus reflexos na rentabilidade das empresas
Título: *Qualidade dos controles gerenciais e seus reflexos na rentabilidade das empresas pertencentes à categoria de sociedades anônimas*

Sujeito: Nova Lei das Sociedades por Ações
Objeto: Implicações contábeis
Sujeito e objeto delimitado: Nova Lei das Sociedades por Ações e suas implicações contábeis
Título: *A Nova Lei das Sociedades por Ações e suas implicações contábeis nas organizações pertencentes ao setor da construção civil*

Sujeito: *Controller*
Objeto: Funções estratégicas
Sujeito e objeto delimitado: Funções estratégicas do *controller*
Título: *Funções estratégicas do* controller: *conceitos e aplicações de controle gerencial*

Sujeito: Pequenas e Médias Empresas
Objeto: Administração financeira
Sujeito e objeto delimitado: Administração financeira nas pequenas e médias empresas
Título: *Conceitos de administração financeira aplicados às pequenas e médias empresas*

Sujeito: Cálculo de preços de venda
Objeto: Matemática financeira
Sujeito e objeto delimitado: Matemática financeira aplicada ao cálculo de preços de venda
Título: *Uma abordagem de matemática financeira aplicada ao cálculo de preços de venda*

Sujeito: Planejamento do lucro
Objeto: Modelo integrado de simulação
Sujeito e objeto delimitado: Planejamento do lucro: um modelo integrado de simulação
Título: *Planejamento do lucro: um modelo integrado de simulação que incorpora o impacto inflacionário*

Sujeito: Empresas de prestação de serviços
Objeto: Aspectos financeiros
Sujeito e objeto delimitado: Aspectos financeiros das empresas de prestação de serviços
Título: *Aspectos financeiros das empresas de prestação de serviços do estado de São Paulo, no período de 1947 a 2000, e a Lei das Falências e Concordatas*

Sujeito: Empresas pertencentes ao setor industrial
Objeto: Análise econômico-financeira
Sujeito e objeto delimitado: Análise econômico-financeira das empresas pertencentes ao setor industrial
Título: *Análise econômico-financeira das empresas pertencentes ao setor industrial através de indicadores extraídos da demonstração de origens e aplicações de recursos*

Sujeito: Serviços contábeis
Objeto: *Software* de gestão econômica
Sujeito e objeto delimitado: Serviços contábeis com suporte de *software* de gestão econômica
Título: *Prestação de serviços contábeis com suporte de* software *de gestão econômica*

Sujeito: Preservação do meio ambiente
Objeto: Gerenciamento de procedimentos
Sujeito e objeto delimitado: Gerenciamento de procedimentos relativos à preservação do meio ambiente
Título: *Gerenciamento dos procedimentos relativos à preservação do meio ambiente em uma empresa do ramo químico*

Sujeito: Métodos de custeio
Objeto: Análise sistêmica
Sujeito e objeto delimitado: Análise sistêmica dos métodos de custeio
Título: *Análise sistêmica dos atuais métodos de custeio: comparação entre os métodos tradicionais e a proposta inovadora do custeio baseado em atividades — ABC*

Sujeito: Perícia contábil
Objeto: Função, remuneração, laudo pericial e perspectivas
Sujeito e objeto delimitado: Perícia contábil: função, remuneração, laudo pericial e perspectivas
Título: *Perícia contábil: função, remuneração, laudo pericial e perspectivas em face da Lei das Sociedades Anônimas*

Sujeito: Custos indiretos de fabricação
Objeto: Métodos de apropriação
Sujeito e objeto delimitado: Métodos de apropriações dos custos indiretos de fabricação
Título: *Contabilidade de Custos: métodos de apropriação dos custos indiretos de fabricação*

Sujeito: Ativo imobilizado
Objeto: Estudo comparativo
Sujeito e objeto delimitado: Estudo comparativo de ativo imobilizado
Título: *Ativo imobilizado: estudo comparativo de ativo imobilizado entre Brasil e EUA*

Sujeito: Imposto de renda
Objeto: Decadência e prescrição
Sujeito e objeto delimitado: Decadência e prescrição do imposto de renda
Título: *Prazo de decadência e prescrição do imposto de renda no projeto de reforma tributária 2000*

Sujeito: Contabilidade de custos
Objeto: Tomada de decisões
Sujeito e objeto delimitado: Contabilidade de custos na tomada de decisões
Título: *A importância do sistema de custos na tomada de decisões em empresas do setor de papel e celulose*

Sujeito: Perícia contábil
Objeto: Laudo pericial, diligências e arbitramento
Sujeito e objeto delimitado: Perícia contábil: laudo pericial, diligências e arbitramento
Título: *Perícia contábil: laudo pericial, diligências e arbitramento e a legislação do imposto de renda*

Sujeito: Sistema de gestão empresarial
Objeto: Análise de empresas
Sujeito e objeto delimitado: Análise de empresas que migraram para sistema de gestão empresarial
Título: *Análise de empresas que migraram para sistema de gestão empresarial do tipo ERP – Enterprise Resources Planning*

Sujeito: Empresas seguradoras
Objeto: Demonstrações financeiras
Sujeito e objeto delimitado: Demonstrações financeiras em empresas seguradoras
Título: *Análise de demonstrações financeiras em empresas seguradoras de capital fechado*

Escolha de um Assunto ou Tema

Sujeito: Controle gerencial
Objeto: Análise de balanço
Sujeito e objeto delimitado: Análise de balanço para fins de controle gerencial
Título: *Análise de balanço para fins de controle gerencial em empresas do setor de comércio atacadista*

Sujeito: Empreendimentos imobiliários
Objeto: Contabilidade
Sujeito e objeto delimitado: Contabilidade aplicada a empreendimentos imobiliários
Título: *Contabilidade aplicada a empreendimentos imobiliários e a Lei das Sociedades Anônimas*

Sujeito: Títulos públicos
Objeto: Composição das carteiras de fundos de ações
Sujeito e objeto delimitado: Títulos públicos na composição das carteiras de fundos de ações
Título: *Títulos públicos na composição das carteiras de fundos de ações de acordo com a legislação vigente no mercado acionário*

Sujeito: ICMS
Objeto: Isenção e imunidade
Sujeito e objeto delimitado: ICMS em termos de isenção e imunidade
Título: *Análise de ICMS em termos de isenção e imunidade aplicada a empresas pertencentes ao setor de siderurgia*

Sujeito: Contabilidade
Objeto: Ética geral e profissional
Sujeito e objeto delimitado: Ética geral e profissional em contabilidade
Título: *Ética geral e profissional em contabilidade aplicada a instituições financeiras*

Sujeito: Gerente de projeto
Objeto: Função
Sujeito e objeto delimitado: Função de gerente de projeto
Título: *A função de gerente de projeto e aspectos do seu desempenho na empresa de engenharia consultiva*

Sujeito: Indicadores de qualidade
Objeto: Aplicações
Sujeito e objeto delimitado: Aplicações de indicadores de qualidade
Título: *Aplicações de indicadores de qualidade em atividades de programação de microcomputadores*

Sujeito: Produtos de agronegócios
Objeto: Política
Sujeito e objeto delimitado: Política de produtos de agronegócios
Título: *A consistência da política de produtos de agronegócios: o caso do mercado de soja*

Sujeito: Cacauicultura
Objeto: Estado da Bahia
Sujeito e objeto delimitado: A cacauicultura no estado da Bahia
Titulo: *A cacauicultura no estado da Bahia: uma análise econométrica da oferta e da demanda de cacau*

PARTE III

*Qualquer que seja o tipo de monografia escolhido,
o aluno deve revelar capacidade de integração de ideias
e conhecimentos provenientes de bibliografia atualizada.*

Visão geral

Neste e nos demais capítulos desta parte procura-se apresentar uma abordagem metodológica, prática e instrumental, aplicável aos três tipos de monografias recomendados nesta obra, com base na experiência prática dos autores. Em cada uma dessas categorias enquadram-se tipos específicos de assunto/tema escolhido pelo aluno. Qualquer que seja o tipo escolhido, porém, o aluno deve revelar capacidade de integração de ideias e conhecimentos advindos de bibliografia atualizada.

A *monografia*, na forma sugerida nesta obra, pode ser de três tipos:

- monografia de análise teórica sobre um assunto pesquisado bibliograficamente;
- monografia de análise teórico-empírica, que represente uma pesquisa empírica (trabalho de campo); ou
- monografia apresentada na forma de um estudo de caso.

Embora esta obra aborde os três tipos, que englobam a maioria dos trabalhos de iniciação científica, nada impede que sejam desenvolvidos trabalhos fora deste contexto, como uma resenha bibliográfica ou inventário bibliográfico, ou de qualquer outra natureza.

CAPÍTULO 3

Monografia de análise teórica

Segundo Tachizawa,[1] nesta categoria a *monografia* pode ser:

- uma simples organização coerente de ideias originadas de bibliografia de alto nível, em torno de um tema específico;
- uma análise crítica ou comparativa de uma obra, teoria ou modelo já existente, a partir de um esquema conceitual bem definido;
- o desenvolvimento de uma monografia realmente inovadora, a partir de fontes exclusivamente bibliográficas.

A *monografia de análise teórica* evidencia uma simples organização coerente de ideias, originadas de bibliografia de autores consagrados que escreveram sobre o tema escolhido pelo aluno.

Este tipo de monografia pode ser desenvolvido como uma análise crítica ou comparativa de uma teoria ou modelo já existente, a partir de um esquema conceitual bem definido.

A sugestão é que o aluno evite temas muito ambiciosos e se preocupe em desenvolver um *trabalho acadêmico simples*, no caso de não estar trabalhando ou ter dificuldade de acesso a uma determinada organização; ou um *trabalho relacionado a um tema profissional*, voltado para a aplicação prática no dia a dia da organização à qual pertença.

Como não é o objetivo dos cursos de graduação, nem dos cursos de pós-graduação em nível *lato sensu* ou MBA, exigir trabalhos científicos, não é necessário, e tampouco há tempo disponível para isso, desenvolver uma monografia inovadora, a partir de fontes exclusivamente bibliográficas, e que avance o atual estado da arte no assunto.

Para este tipo de monografia sugere-se a adoção do modelo metodológico a seguir (figura 4).

---

[1] Tachizawa, 1989.

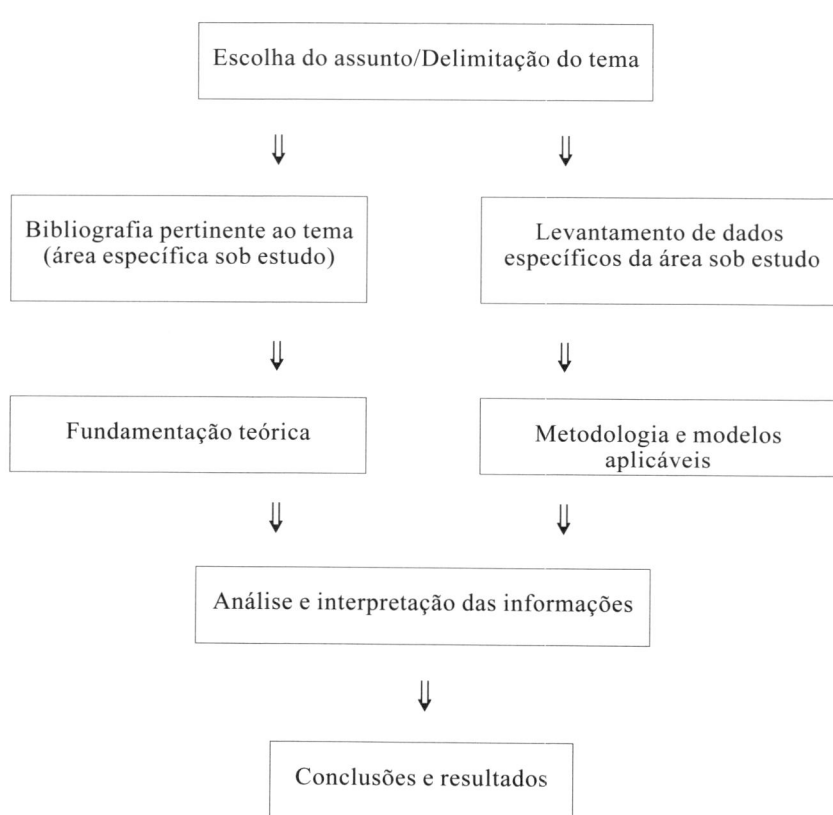

Figura 4
Modelo metodológico de monografia de análise teórica

```
┌─────────────────────────────────────────────┐
│  Escolha do assunto/Delimitação do tema     │
└─────────────────────────────────────────────┘
            ⇓                   ⇓
┌──────────────────────────┐   ┌──────────────────────────┐
│ Bibliografia pertinente  │   │  Levantamento de dados   │
│ ao tema (área específica │   │  específicos da área     │
│ sob estudo)              │   │  sob estudo              │
└──────────────────────────┘   └──────────────────────────┘
            ⇓                             ⇓
┌──────────────────────────┐   ┌──────────────────────────┐
│  Fundamentação teórica   │   │  Metodologia e modelos   │
│                          │   │  aplicáveis              │
└──────────────────────────┘   └──────────────────────────┘
            ⇓                             ⇓
┌─────────────────────────────────────────────┐
│  Análise e interpretação das informações    │
└─────────────────────────────────────────────┘
                       ⇓
            ┌──────────────────────────┐
            │  Conclusões e resultados │
            └──────────────────────────┘
```

A monografia também pode ser desenvolvida como uma análise crítica ou comparativa de uma teoria ou modelo já existente, a partir de um esquema conceitual bem definido. Ou um trabalho que seja o resultado de uma revisão de literatura criticamente articulada. A revisão de literatura não tem, portanto, um caráter aditivo e sim de integração de estudos sobre o tema abordado.

Enfim, a monografia pode ter como proposta a formulação de quadros de referência e estudos de teorias.

Estudo exploratório

Após formulado o problema inicial, investigam-se suas possíveis respostas. Esta etapa do trabalho auxilia o aluno/autor a elaborar o *anteprojeto* da monografia, que consiste basicamente nas seguintes tarefas:

- levantamento bibliográfico do assunto;
- leitura da bibliografia e seleção/anotação de conceitos aplicáveis ao tema;
- coleta de dados e informações complementares sobre o assunto junto a entidades, instituições ou pessoas ligadas ao mesmo;
- pesquisa e levantamento de dados na Internet, se houver.

A realização de *estudo exploratório* permite ao pesquisador reunir elementos capazes de subsidiar a escolha do objeto e a definição do tema, além das justificativas teóricas do mesmo. Com isso, o aluno estará confirmando, ou revendo, o *plano da monografia* anteriormente delineado nos capítulos 1 e 2.

Elaboração do anteprojeto do trabalho

Neste estágio, têm-se os elementos indispensáveis à elaboração de um *anteprojeto* do trabalho (ou pesquisa), o qual pode observar a seguinte estrutura:

- enunciar o assunto/tema;
- delimitar o assunto a ser estudado;
- justificar a escolha do tema;
- definir os objetivos do trabalho;
- elaborar o esquema de trabalho;
- relacionar a bibliografia disponível a ser usada.

Após sua elaboração, o *anteprojeto* deve ser submetido ao professor orientador dos trabalhos de conclusão de curso.

Como *anteprojeto* do trabalho, pode-se adotar uma estruturação que é o próprio arcabouço a ser adotado na monografia final (ver seção relativa ao

"Conteúdo básico e apresentação geral da monografia"). Tal estrutura pode ser assim organizada:

Capítulo I: DESCRIÇÃO DO TEMA

1. Assunto da monografia
2. Delimitação do tema
3. Metodologia

Capítulo II: FUNDAMENTAÇÃO TEÓRICA (neste capítulo são abordados os conceitos extraídos da bibliografia a serem utilizados na monografia. A fundamentação teórica deve refletir, de forma lógica e coerente, a articulação conceitual e teórica a ser aplicada ao estudo).

1. (conceito aplicável/pertinente ao tema)
.
.
.
e assim por diante

Capítulo III: . . . (já é o assunto propriamente dito da monografia, com as competentes análises)

Capítulo IV: CONCLUSÕES

1. Conclusões específicas
2. Sugestões para novas pesquisas

BIBLIOGRAFIA (relacionar as obras consultadas, em ordem alfabética de autor, de preferência seguindo as normas da ABNT).

Conteúdo básico e apresentação geral da monografia

Para a apresentação final da monografia, que corresponde à fase de ***projeto final***, cada instituição de ensino adota um determinado padrão. No entanto, dentro desses padrões, pode-se sugerir que o trabalho contenha três partes básicas:

- preliminares;
- núcleo da monografia;
- pós-textual.

Ou seja, recomenda-se adotar o seguinte conteúdo:

- Capa;
- Folha de rosto;
- Resumo;
- Sumário;   } Preliminares
- Introdução;
- Descrição do tema;
- Fundamentação teórica;
- Caracterização do tema;   } Núcleo da monografia
- Análise e interpretação dos resultados;
- Conclusões;
- Bibliografia;
- Contracapa.   } Pós-textual

A parte ***preliminares*** é o conjunto de elementos iniciais: folha de rosto; página de aprovação; página de agradecimentos; resumo/*abstract*; sumário; lista de tabelas/quadros/figuras.

No *resumo* sintetiza-se todo o conteúdo da monografia. Deve reunir os objetivos do estudo, os pontos relevantes e suas principais conclusões, não devendo exceder uma página digitada em espaço dois.

A *introdução* resume o conteúdo de cada capítulo.

O *sumário* deve reunir, de forma esquemática, informações sobre o conteúdo da monografia, para orientar o leitor sobre a sequência lógica dos diferentes capítulos, seções e o número das páginas nas quais se encontram ao longo do texto. Constitui o arcabouço dos assuntos estruturados na forma de monografia, representados em termos ou frases curtas sobre a essência de cada bloco de conteúdo.

Quanto à *descrição do tema*, tem-se o planejamento geral do trabalho sintetizado nos tópicos relativos a:

- objetivo(s) da monografia;
- metodologia adotada para o desenvolvimento dos trabalhos.

Quanto aos itens que representam o **núcleo da monografia** propriamente dito, e que espelham os elementos básicos utilizados no desenvolvimento do trabalho, recomenda-se que reúnam o conjunto de dados e informações coletados e tratados para que, uma vez interpretados e analisados com o respaldo do referencial teórico e conceitual, permitam ao autor atingir os objetivos do estudo.

Seu conteúdo pode apresentar quatro fases interdependentes:

- descrever dados e informações coletados e tratados; e, adicionalmente, analisar tais dados e informações descritos com o suporte teórico e conceitual da *fundamentação teórica;*
- definir o trabalho propriamente dito de forma detalhada, que é a *caracterização do tema*;
- formular sucessivas conclusões ao longo do desenvolvimento do(s) capítulo(s) que analisa(m) a pesquisa/estudo, representado-as na forma de *análise e interpretação dos resultados* (ou, alternativamente, explicitar o nome do tema proposto, por exemplo: *Análise e interpretação do* layout *proposto em indústrias siderúrgicas*);
- resumir o conjunto das conclusões extraídas do(s) capítulo(s) da monografia, sob o título de *Conclusões* (ou seja, não se cria nada de novo além do que já foi abordado anteriormente).

Nas *conclusões* deve-se reunir o conjunto de conclusões atingidas no desenvolvimento da monografia de forma coerente com os objetivos propostos inicialmente. Os pontos conclusivos podem ser agrupados em *gerais* e *específicos*, e devem apresentar a solução para a *problematização* colocada inicialmente (*descrição do tema*).

Os assuntos derivados do desenvolvimento da monografia que não foram devidamente explorados no trabalho (por fugirem de seu escopo) podem ser apresentados como sugestão para futuras pesquisas/trabalhos.

Monografia de Análise Teórica

A *bibliografia* visa a apresentar ao leitor a documentação, citada ou consultada, relacionada com o tema abordado, proporcionando um referencial bibliográfico para um eventual aprofundamento do tema ou para uma revisão do trabalho. Nesta parte devem ser relacionados todos os autores em ordem alfabética, tanto os referenciados na monografia quanto os consultados e não referenciados. Para cada obra devem ser descritos os seguintes dados: autor, título da obra, edição, local da publicação, editora, data.

Dependendo da instituição de ensino para a qual a monografia é dirigida, podem ser considerados opcionais itens como: página de agradecimentos, página de aprovação, *abstract* (resumo em inglês), relação de tabelas/quadros/figuras, e anexos.

CAPÍTULO 4

Monografia de análise teórico-empírica

Consoante Tachizawa,[2] nesta categoria a monografia pode ser:

- uma simples análise interpretativa de dados primários em torno de um tema, com apoio bibliográfico;
- um teste de hipóteses, modelos ou teorias, a partir de dados primários e secundários;
- um trabalho realmente inovador, a partir de dados primários e/ou secundários, o que, como já foi dito, deve ser evitado, por tratar-se de um objetivo dos cursos de mestrado e doutoramento.

No primeiro caso entende-se como *dados primários* aquelas informações obtidas diretamente no campo ou origem dos eventos pesquisados. *Dados secundários*, por sua vez, são aqueles obtidos, por exemplo, de obras bibliográficas ou de relatórios de pesquisas anteriores sobre o tema.

No segundo caso, a monografia pode ser a descrição dos resultados de teste de modelos ou teorias a partir de dados primários e secundários.

Novamente, recomenda-se não procurar uma tese impraticável, baseada em tema ambicioso.

Para o desenvolvimento deste tipo de monografia sugere-se o modelo conceitual a seguir (figura 5).

Tachizawa, 1993.

Figura 5
Modelo metodológico de monografia de análise teórico-empírica

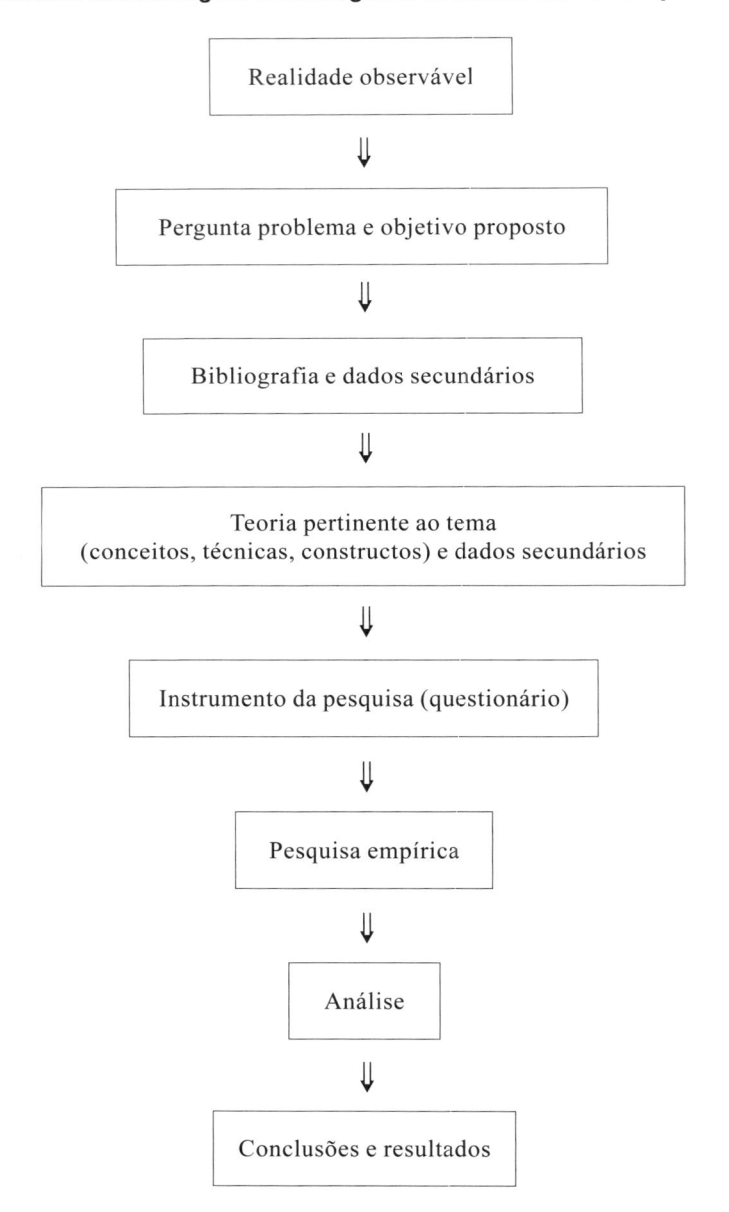

Realidade observável

⇩

Pergunta problema e objetivo proposto

⇩

Bibliografia e dados secundários

⇩

Teoria pertinente ao tema
(conceitos, técnicas, constructos) e dados secundários

⇩

Instrumento da pesquisa (questionário)

⇩

Pesquisa empírica

⇩

Análise

⇩

Conclusões e resultados

Nesta categoria, a monografia pode analisar a correspondência entre um caso real e modelos/teorias. Pode ser ainda a descrição dos resultados de teste de modelos ou teorias a partir de dados primários e secundários.

São utilizadas técnicas de coleta, tratamento e análise de dados essencialmente quantitativas que se caracterizam pela rigorosa aplicação metodológica na busca da relação causal entre variáveis.

É neste tipo de monografia que se concentra a maioria das obras sobre metodologia científica. Para o leitor que necessitar se aprofundar neste tipo de monografia sugere-se a leitura dos livros e monografias relacionados na "Bibliografia" desta obra.

Estudo exploratório

Após formulados os problemas, investigam-se suas possíveis respostas. Esta etapa do trabalho auxilia o pesquisador a elaborar o *anteprojeto* do trabalho, que consiste basicamente nas seguintes tarefas:

- levantamento bibliográfico acerca do assunto;
- leitura da bibliografia e seleção/anotação de conceitos aplicáveis ao tema;
- coleta de dados e informações complementares acerca do assunto junto a entidades, instituições ou pessoas ligadas ao mesmo.

A análise dos dados levantados e a posterior realização de estudo exploratório permitem ao aluno/pesquisador reunir elementos capazes de subsidiar a escolha do *objeto* e a *definição do tema*, além das justificativas teóricas do mesmo.

Elaboração do anteprojeto do trabalho

Neste estágio, tem-se os elementos indispensáveis à elaboração de um *anteprojeto* do trabalho (ou pesquisa), o qual pode observar a seguinte estrutura:

- enunciar o assunto/tema;
- delimitar o assunto a ser estudado;
- justificar a escolha do tema;
- definir os objetivos do trabalho;

- elaborar o esquema de trabalho;
- relacionar a bibliografia disponível a ser usada.

O *anteprojeto* deve ser submetido ao professor orientador dos trabalhos de conclusão de curso (ou equivalente). Como *anteprojeto* do trabalho pode-se adotar uma estruturação que é o próprio arcabouço da monografia final (ver "Conteúdo básico e apresentação geral da monografia"). Tal estrutura pode ser do tipo:

Capítulo I: DESCRIÇÃO DO TEMA

1. Assunto da monografia
2. Delimitação do tema
3. Metodologia adotada

Capítulo II: FUNDAMENTAÇÃO TEÓRICA (neste capítulo são abordados os conceitos extraídos da bibliografia a serem utilizados na monografia. A fundamentação teórica deve refletir, de forma lógica e coerente, a articulação conceitual e teórica a ser aplicada ao estudo)

1. (conceito aplicável/pertinente ao tema)
.
.
.
e assim por diante

Capítulo III: . . . (já é o assunto propriamente dito da monografia com as competentes análises)

Capítulo IV: CONCLUSÕES

1. Conclusões específicas
2. Sugestões para novas pesquisas

BIBLIOGRAFIA (relacionar as obras consultadas, em ordem alfabética de autor, de preferência seguindo as normas da ABNT).

Conteúdo básico e apresentação geral da monografia

Para a apresentação final da monografia, que corresponde à fase de *projeto final*, cada instituição de ensino adota um determinado padrão. No entanto, dentro desses padrões, pode-se sugerir que o trabalho contenha três partes básicas:

❑ preliminares;
❑ núcleo da monografia;
❑ pós-textual.

Ou seja, recomenda-se adotar o seguinte conteúdo:

❑ Capa;
❑ Folha de rosto;
❑ Resumo;
❑ Sumário; } Preliminares
❑ Introdução;
❑ Descrição do tema;

❑ Fundamentação teórica;
❑ Caracterização do tema;
❑ Análise e interpretação dos resultados; } Núcleo da monografia
❑ Conclusões;

❑ Bibliografia;
❑ Contracapa. } Pós-textual

A parte *preliminares* é o conjunto de elementos iniciais: folha de rosto, página de aprovação, página de agradecimentos, resumo/*abstract*, sumário, lista de tabelas/quadros/figuras.

No *resumo* sintetiza-se todo o conteúdo da monografia. Deve reunir os objetivos do estudo, os pontos relevantes e suas principais conclusões, não devendo exceder uma página digitada em espaço dois.

A *introdução* resume o conteúdo de cada capítulo.

O *sumário* deve reunir, de forma esquemática, informações sobre o conteúdo da monografia, para orientar o leitor sobre a sequência lógica dos diferentes capítulos, seções e o número das páginas nas quais se encontram ao longo do texto. Constitui o arcabouço dos assuntos estruturados na forma de monografia, representados em termos ou frases curtas sobre a essência de cada bloco de conteúdo.

Quanto à *descrição do tema*, tem-se o planejamento geral do trabalho sintetizado nos tópicos relativos a:

- objetivo(s) da monografia;
- metodologia adotada para o desenvolvimento dos trabalhos.

Quanto aos itens que representam o **núcleo da monografia** propriamente dita, e que espelham os elementos básicos utilizados no desenvolvimento do trabalho, recomenda-se que reúnam o conjunto de dados e informações coletados e tratados para que, uma vez interpretados e analisados com o respaldo do referencial teórico e conceitual, permitam ao autor atingir os objetivos do estudo.

Seu conteúdo pode apresentar quatro fases interdependentes:

- descrever dados e informações coletados e tratados; e, adicionalmente, analisar tais dados e informações descritos com o suporte teórico e conceitual da *fundamentação teórica*;
- definir de forma detalhada o teor da pesquisa empírica (trabalho de campo) e explicitar os dados coletados do instrumento de pesquisa adotado (questionário), na forma de *caracterização do tema*;
- formular sucessivas conclusões ao longo do desenvolvimento do(s) capítulo(s) que analisa(m) a pesquisa/estudo, representado-as na forma de *análise e interpretação dos resultados*;
- resumir o conjunto das conclusões extraídas do(s) capítulo(s) da monografia, sob o título de *Conclusões* (ou seja, não se cria nada de novo além do que já foi abordado anteriormente).

Nas *conclusões* deve-se reunir o conjunto de conclusões atingidas no desenvolvimento da monografia de forma coerente com os objetivos propostos inicialmente. Os pontos conclusivos podem ser agrupados em *gerais* e *específicos*, e devem apresentar a solução para a problematização colocada inicialmente (*descrição do tema*). Os assuntos derivados do desenvolvimento da monografia que não foram devidamente explorados no trabalho (por fugir de seu escopo) podem ser apresentados como sugestão para futuras pesquisas/ trabalhos.

A *bibliografia* visa a apresentar ao leitor a documentação, citada ou consultada, relacionada com o tema abordado, proporcionando um referencial bibliográfico para um eventual aprofundamento do tema ou para uma revisão do trabalho. Nesta parte devem ser relacionados todos os autores em ordem alfabética, tanto os referenciados na monografia quanto os consultados e não referenciados. Para cada obra devem ser descritos os seguintes dados: autor, título da obra, edição, local da publicação, editora, e data.

Dependendo da instituição de ensino para a qual a monografia é dirigida, podem ser considerados opcionais itens como: página de agradecimentos, página de aprovação, *abstract* (resumo em inglês), relação de tabelas/quadros/figuras, e anexos.

CAPÍTULO 5

Monografia de estudo de caso

Nesta categoria de monografia, Tachizawa[3] sugere uma análise específica da relação entre um caso real e hipóteses, modelos e teorias.

A *monografia* representativa de um *estudo de caso* deve ser desenvolvida a partir da análise de uma determinada organização. Esta é a situação mais comum, embora uma monografia deste tipo possa ser desenvolvida em qualquer outro contexto que retrate a situação encontrada e proponha uma solução/mudanças no contexto analisado. Sugere-se a observância do modelo metodológico explicitado na figura 6.

Figura 6
Modelo metodológico de monografia de estudo de caso

```
           Escolha do assunto/Delimitação do tema
                    ⇓                    ⇓
Bibliografia pertinente ao tema    Levantamento de dados
  (área específica sob estudo)     da organização sob estudo
            ⇓                              ⇓
    Fundamentação teórica       Caracterização da organização
            ⇓                              ⇓
         Análise e interpretação das informações
                         ⇓
                Conclusões e resultados
```

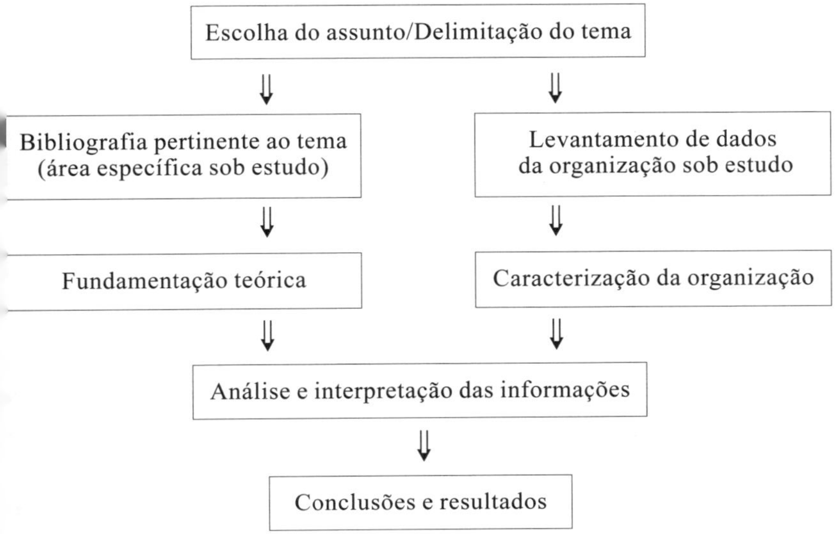

Tachizawa, 1991.

Estudo exploratório

Após formulados os problemas, investigam-se suas possíveis respostas. Esta etapa do trabalho auxilia o pesquisador a elaborar o *anteprojeto* do trabalho, que consiste basicamente nas seguintes tarefas:

- levantamento bibliográfico acerca do assunto;
- leitura da bibliografia e seleção/anotação de conceitos aplicáveis ao tema;
- coleta de dados e informações complementares acerca do assunto junto a entidades, instituições ou pessoas ligadas ao mesmo.

A realização de estudo exploratório permite ao pesquisador reunir elementos capazes de subsidiar a escolha do objeto e a definição do tema, além das justificativas teóricas do mesmo.

Elaboração do anteprojeto do trabalho

Nesta etapa, têm-se os elementos indispensáveis à elaboração de um *anteprojeto* do trabalho (ou pesquisa), o qual pode observar a seguinte estrutura:

- enunciar o assunto/tema;
- delimitar o assunto a ser estudado;
- justificar a escolha do tema;
- definir os objetivos do trabalho;
- elaborar o esquema de trabalho;
- relacionar a bibliografia disponível a ser usada.

O *anteprojeto* deve ser submetido ao professor orientador dos trabalhos de conclusão de curso (orientador acadêmico, coordenador de estágio supervisionado, ou equivalente).

Como *anteprojeto* do trabalho, pode-se adotar uma estruturação que é o próprio arcabouço da monografia final (ver "Conteúdo básico e apresentação geral da monografia"). Tal estrutura pode ser do tipo:

Capítulo I: DESCRIÇÃO DO TEMA

1. Assunto da monografia
2. Delimitação do tema
3. Metodologia adotada

Capítulo II: FUNDAMENTAÇÃO TEÓRICA (neste capítulo são abordados os conceitos extraídos da bibliografia a serem utilizados na monografia. A fundamentação teórica deve refletir, de forma lógica e coerente, a articulação conceitual e teórica a ser aplicada ao estudo)

1. (conceito aplicável/pertinente ao tema)
.
.
.
e assim por diante

Capítulo III: . . . (já é o assunto propriamente dito da monografia com as competentes análises)

Capítulo IV: CONCLUSÕES

1. Conclusões específicas
2. Sugestões para novas pesquisas

BIBLIOGRAFIA (relacionar as obras consultadas, em ordem alfabética de autor, de preferência seguindo as normas da ABNT).

Conteúdo básico e apresentação geral da monografia

Para a apresentação final da monografia, que corresponde à fase de *projeto final*, cada instituição de ensino adota um determinado padrão. No entanto, dentro desses padrões, pode-se sugerir que o trabalho contenha três partes básicas:

- preliminares;
- núcleo da monografia;
- pós-textual.

Ou seja, recomenda-se adotar o seguinte conteúdo:

- Capa;
- Folha de rosto;
- Resumo;   } Preliminares
- Sumário;
- Introdução;
- Descrição do tema;

- Fundamentação teórica;
- Caracterização do tema;
- Análise e interpretação dos resultados;   } Núcleo da monografia
- Conclusões;

- Bibliografia;   } Pós-textual
- Contracapa.

A parte *preliminares* é o conjunto de elementos iniciais: folha de rosto, página de aprovação, página de agradecimentos, resumo/*abstract*, sumário, lista de tabelas/quadros/figuras.

No *resumo* sintetiza-se todo o conteúdo da monografia. Deve reunir os objetivos do estudo, os pontos relevantes e suas principais conclusões, não devendo exceder uma página digitada em espaço dois.

A *introdução* resume o conteúdo de cada capítulo.

O *sumário* deve reunir, de forma esquemática, informações sobre o conteúdo da monografia, para orientar o leitor sobre a sequência lógica dos diferentes capítulos, seções e o número das páginas nas quais se encontram ao longo do texto. Constitui o arcabouço dos assuntos estruturados na forma de monografia, representados em termos ou frases curtas sobre a essência de cada bloco de conteúdo.

Quanto à *descrição do tema*, tem-se o planejamento geral do trabalho sintetizado nos tópicos relativos a:

- objetivo(s) da monografia;
- metodologia adotada para o desenvolvimento dos trabalhos.

Quanto aos itens que representam o **núcleo da monografia** propriamente dito, e que espelham os elementos básicos utilizados no desenvolvimento do trabalho, recomenda-se que reúnam o conjunto de dados e informações coletados e tratados para que, uma vez interpretados e analisados com o respaldo do referencial teórico e conceitual, permitam ao autor atingir os objetivos do estudo.

Seu conteúdo pode apresentar quatro fases interdependentes:

- descrever dados e informações coletados e tratados; e, adicionalmente, analisar tais dados e informações descritos com o suporte teórico e conceitual da *fundamentação teórica;*
- estabelecer o perfil da organização estudada na forma de *caracterização da empresa*;
- formular sucessivas conclusões ao longo do desenvolvimento do(s) capítulo(s) que analisa(m) a pesquisa/estudo, representado-as na forma de *análise e interpretação dos resultados* (ou, alternativamente, explicitar o nome do tema proposto, por exemplo: *Análise e interpretação do* layout *proposto em indústrias siderúrgicas*);
- resumir o conjunto das conclusões extraídas do(s) capítulo(s) da monografia, sob o título de *Conclusões* (ou seja, não se cria nada de novo além do que já foi abordado anteriormente).

Nas *conclusões*, deve-se reunir o conjunto de conclusões atingidas no desenvolvimento da monografia de forma coerente com os objetivos propostos inicialmente. Os pontos conclusivos podem ser agrupados em *gerais* e *específicos* e devem apresentar a solução para a problematização colocada inicialmente (*descrição do tema*). Os assuntos derivados do desenvolvimento da monografia e que não foram devidamente explorados no trabalho (por fugir de seu escopo) podem ser apresentados como sugestão para futuras pesquisas/trabalhos.

Como a *caracterização da empresa*, neste tipo de monografia, é um capítulo fundamental, procurou-se detalhar um roteiro para a sua elaboração (ver seção "Sugestão metolodógica para a caracterização de uma empresa").

A *bibliografia* visa a apresentar ao leitor a documentação, citada ou consultada, relacionada com o tema abordado, proporcionando um referencial bibliográfico para um eventual aprofundamento do tema ou para uma revisão do trabalho. Nesta parte devem ser relacionados todos os autores em ordem alfabética, tanto os referenciados na monografia quanto os consultados e não referenciados. Para cada obra devem ser descritos os seguintes dados: autor, título da obra, edição, local da publicação, editora, e data.

Dependendo da instituição de ensino para a qual a monografia é dirigida, podem ser considerados opcionais itens como: página de agradecimentos, página de aprovação, *abstract* (resumo em inglês), relação de tabelas/quadros/figuras, e anexos.

Sugestão metodológica para a caracterização de uma empresa

Este tópico apresenta um roteiro e recomendações para elaboração de um perfil da organização sob estudo.

A *caracterização da empresa* tem a intenção de auxiliar os futuros leitores da monografia a compreender o que é pertinente e importante para a empresa, constituindo a base para a aplicação dos conceitos originados da *fundamentação teórica* para se chegar à *análise e interpretação dos resultados*.

É o ponto de partida mais adequado para a elaboração da análise e interpretação dos resultados, com a aplicação de toda a fundamentação teórica levantada. Mesmo esta última *fundamentação teórica* é toda calibrada no levantamento bibliográfico em função do perfil da empresa sob estudo, além da diretrizes estabelecidas pela *descrição do tema*.

O perfil, ou *caracterização da empresa*, pode ser subdividido em cinco partes:

- natureza do negócio;
- porte e instalação, e se é pública ou privada;
- principais mercados (local, regional, nacional ou internacional) e principais tipos de clientes (consumidores, empresas, governo etc.). Incluir formas especiais de relacionamento, tais como parcerias com clientes ou grupos de clientes;
- perfil dos empregados/funcionários, incluindo quantidade, tipos, escolaridade, sindicalização etc.;

☐ principais processos, estabelecendo a dimensão horizontalizada em contraponto à dimensão verticalizada ou funcional (desenhar a estrutura da empresa em termos de organograma e em termos de modelo/macrofluxo dos processos sistêmicos).

Se a entidade é uma unidade de uma organização de maior porte, deve ser descrito o relacionamento comercial com a matriz e informada a percentagem de pessoal em relação à mesma.

Pode-se descrever, resumidamente, a relação entre os produtos da entidade sob estudo e os da matriz ou de outras unidades. Se a matriz ou outra unidade for responsável pela prestação de alguns serviços de apoio importantes, eles devem ser resumidamente descritos.

Descrevem-se também todos os requisitos dos clientes importantes (entrega no prazo, baixos níveis de defeito, serviços pós-venda etc.), indicando as diferenças significativas para determinados grupos de clientes.

O relacionamento com fornecedores também pode ser descrito em termos de: tipos e quantidade de fornecedores; tipos de distribuidores, revendedores e outros ramos de negócio; qualquer limitação ou forma especial de relacionamento que exista com alguns ou com todos os fornecedores.

Os aspectos competitivos podem ser incluídos em termos de: situação no ramo perante a concorrência (porte relativo, ritmo de crescimento etc.); quantidade e tipos de concorrentes; indicadores de qualidade e de desempenho perante a concorrência, tais como aumento de produtividade, redução de custo e inovação quanto ao produto; mudanças que estão ocorrendo no ramo e que afetam o mercado.

Outros aspectos ainda podem ser descritos, tais como: principais desafios, como a entrada em novos mercados ou segmentos; novas alianças empresariais; introdução de novas tecnologias; requisitos legais e regulamentares quanto à proteção ambiental; assuntos financeiros, e mudanças estratégicas.

Estrutura pré-elaborada para desenvolvimento de monografias

(Apresenta-se a seguir uma sugestão de padrão, já parcialmente digitada. A ideia é que a monografia seja iniciada a partir deste padrão. Ou seja, pode-se digitar este conteúdo de padrão, gerando arquivo magnético/disquete, e prosseguir nos trabalhos relacionados à monografia.)

(Nome da instituição)

(Título da monografia)

(Nome completo do aluno)

(Nome do local/cidade)
(Ano de publicação)

(Nome do aluno)

(Título da monografia)

Monografia do... (nome do curso) ... da ... (nome da instituição)

Orientador: prof.

(Ano de publicação)

AGRADECIMENTOS

(Página de agradecimentos/dedicatória e pessoas ou instituições, a critério do autor, pelo apoio/assistência relevante na realização e preparação da monografia.)

APRESENTAÇÃO OU PREFÁCIO

(Esclarecimento, justificativa e apresentação genérica da monografia.)

RESUMO (*abstract*)

(Breve apresentação dos pontos relevantes da monografia em termos de objetivo, método, resultados e conclusões do trabalho. Opcionalmente pode-se colocar a versão em inglês do texto resumido, ou seja, um *abstract*.)

Dedicatória
Agradecimentos
Apresentação (prefácio)
Resumo (*abstract*)

Capítulo 1 — Descrição do tema
1.1 Objetivos/Assunto da monografia
1.2 Delimitação do tema
1.3 Metodologia adotada
Referências bibliográficas

Capítulo 2 — Fundamentação teórica
2.1 Introdução
2.2 ...
2.3 ...
2.n ...
Referências bibliográficas

Capítulo 3 — Caracterização da organização (quando for monografia *Estudo de caso*)
3.1 ...
3.2 ...
3.n ...
Referências bibliográficas

Capítulo 4 — Análise e interpretação dos resultados (tema propriamente dito)
4.1 ...
4.2
.
.
.
4.n
...
Referências bibliográficas

Capítulo 5 — Conclusões
5.1 Conclusões específicas
5.2 Sugestões para futuras pesquisas
Bibliografia

INTRODUÇÃO

Esta seção destina-se a apresentar, sucintamente, os capítulos abordados nesta monografia.

O capítulo 1 mostra a forma estrutural da monografia, abordando o objetivo (ou assunto) da monografia, a delimitação do tema e a metodologia utilizada.

No capítulo 2 são expostos os conceitos aplicáveis ao trabalho. A fundamentação teórica é apresentada nesta seção, servindo de base para a análise dos dados que compõem o tema em estudo.

O capítulo 3 aborda todos os detalhes relativos à caracterização da empresa em estudo, para que o leitor da monografia situe-se melhor quanto ao tipo de organização que está sob estudo (*apenas quando for monografia de estudo de caso*).

O capítulo 4 refere-se à análise prática do tema proposto na monografia, com a análise e interpretação dos resultados resultantes da aplicação dos conceitos teóricos estudados em concordância com a realidade vivida pela organização sob estudo.

O capítulo 5 finaliza o trabalho de monografia, o que é feito através de conclusões específicas e sugestões a novas pesquisas.

CAPÍTULO 1
DESCRIÇÃO DO TEMA

1.1 OBJETIVO DA MONOGRAFIA

O objetivo da monografia é

1.2 DELIMITAÇÃO DO TEMA

1.3 METODOLOGIA

A metodologia baseia-se

Completando a metodologia, de acordo com Tachizawa (1999), a monografia representativa de um estudo de caso deve ser desenvolvida a partir de uma análise detalhada da organização enfocada, sendo esta, segundo o autor, a situação mais comum. Entretanto, conforme o próprio autor afirma, uma monografia deste tipo pode ser desenvolvida em qualquer outro contexto que retrate inicialmente a situação encontrada e, posteriormente, proponha uma solução (e/ou mudanças) no contexto analisado. Logo, sugere-se a observância do modelo metodológico destacado a seguir.

Fig. 1 Esquema da metodologia adotada

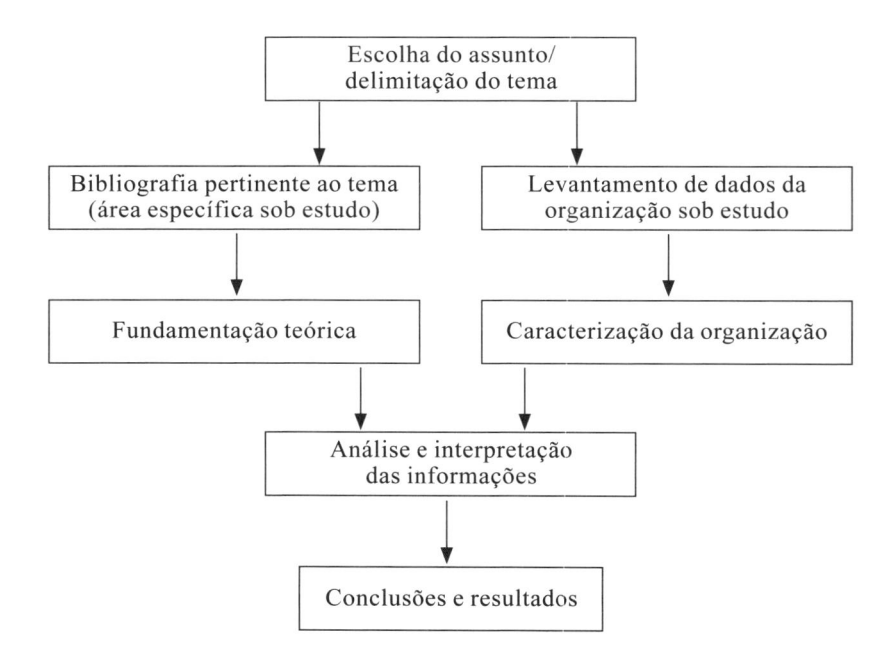

```
        ┌─────────────────────────────┐
        │   Escolha do assunto/       │
        │   delimitação do tema       │
        └──────────┬──────────────────┘
                   │
        ┌──────────┴──────────┐
        ▼                     ▼
┌───────────────────┐  ┌───────────────────────┐
│ Bibliografia      │  │ Levantamento de dados │
│ pertinente ao tema│  │ da organização        │
│ (área específica  │  │ sob estudo            │
│ sob estudo)       │  │                       │
└─────────┬─────────┘  └───────────┬───────────┘
          ▼                        ▼
┌───────────────────┐  ┌───────────────────────┐
│ Fundamentação     │  │ Caracterização da     │
│ teórica           │  │ organização           │
└─────────┬─────────┘  └───────────┬───────────┘
          └────────────┬───────────┘
                       ▼
          ┌─────────────────────────┐
          │ Análise e interpretação │
          │ das informações         │
          └────────────┬────────────┘
                       ▼
          ┌─────────────────────────┐
          │ Conclusões e resultados │
          └─────────────────────────┘
```

CAPÍTULO 2
FUNDAMENTAÇÃO TEÓRICA

2.1 INTRODUÇÃO

2.2

(e assim sucessivamente para os demais subitens da fundamentação teórica)

CAPÍTULO 3
CARACTERIZAÇÃO DA EMPRESA

3.1 IDENTIFICAÇÃO E LOCALIZAÇÃO

CAPÍTULO 4
ANÁLISE E INTERPRETAÇÃO DOS RESULTADOS

4.1 INTRODUÇÃO

4.2

(e assim sucessivamente até finalizar o capítulo 4)

CAPÍTULO V
CONCLUSÕES

5.1 CONCLUSÕES ESPECÍFICAS

5.2 SUGESTÕES PARA FUTUROS TRABALHOS

BIBLIOGRAFIA *(em ordem alfabética de autor)*

ABNT (Associação Brasileira de Normas Técnicas). **Apresentação de relatórios técnico-científicos.** Rio de Janeiro, 1989. (NBR 10719:1989.)

───. **Apresentação de citações em documentos.** Rio de Janeiro, 1989b. (NBR 10520:1989.)

───. **Referências bibliográficas.** Rio de Janeiro, 2002. (NBR 6023:2002.)

TACHIZAWA, T.; MENDES, G. **Como fazer monografia na prática.** 10. ed. rev. ampl. Rio de Janeiro: FGV, 2005.

PARTE IV

A abordagem sugerida para desenvolver uma monografia segue a forma de pensar do indivíduo, que observa uma sequência lógica, não linear e recursiva.

Visão geral

A parte IV, composta dos capítulos 6, 7, 8, 9 e 10, aborda os demais aspectos práticos relacionados à elaboração de uma monografia, trabalho de conclusão de curso, relatório de estágio e afins.

O capítulo 6, relacionado a *trabalho de conclusão de curso e/ou estágio supervisionado*, estabelece o conteúdo do plano e o relatório de estágio, normalmente exigidos pelas instituições de ensino, de forma coerente com a normatização da ABNT. Estabelece ainda uma analogia entre a obrigação acadêmica de elaboração do trabalho de conclusão de curso e a linha metodológica de construção dos três tipos de monografias recomendados por esta obra.

No capítulo 7, que trata de *artigos técnicos*, procura-se aplicar a metodologia sugerida para elaboração de monografias no desenvolvimento de artigos técnicos.

O capítulo 8, relativo a *pesquisa e levantamento de dados na Internet*, aborda as possibilidades apresentadas pela rede mundial e demais meios eletrônicos e digitais. A preocupação não foi abordar em detalhes a forma de *navegar/surfar* na *Internet*, uma vez que existem inúmeras obras a respeito (ver "Bibliografia" no final deste livro), mas sim pensar na monografia sem esquecer desse tipo de mídia.

No capítulo 9, sobre as *recomendações para a redação, a digitação e a edição*, são abordadas as sugestões práticas para a realização dessas tarefas coerentemente à proposta metodológica de desenvolvimento simultâneo de suas etapas.

E no capítulo 10, que trata das *considerações finais*, procura-se descrever algumas conclusões úteis a respeito da analogia que se pode fazer entre a monografia e outras formas de trabalhos técnicos e acadêmicos.

Embora esta obra esteja voltada, primordialmente, para a elaboração de monografias, as recomendações nela contidas se prestam perfeitamente à preparação de livros e trabalhos como: artigos técnicos, ensaios, notas, informes, relatórios empresariais, e demais obras afins.

Ou seja, como não há um único padrão, consagrado e convencionado pela literatura atual, para o desenvolvimento e a apresentação de *relatórios técnico-científicos*, pode-se adotar a proposta metodológica apresentada nesta obra para o desenvolvimento desses tipos de trabalhos, do tipo monográfico ou não.

Capítulo 6

Relatório de trabalho de conclusão de curso e/ou estágio supervisionado

O *relatório de trabalho de conclusão de curso* sofre influência da instituição de ensino à qual pertence o aluno. Este tipo de relatório, convencionado como *TCC* ou *TG*, normalmente é instituído com o intuito de:

- possibilitar ao aluno o desenvolvimento de um trabalho de pesquisa sobre tema relevante na sua área;
- familiarizar o aluno com as exigências metodológicas da elaboração de um trabalho de iniciação científica;
- proporcionar ao aluno a utilização do referencial teórico das disciplinas no estudo de problemas relevantes da sua área.

Metodologicamente, para o desenvolvimento deste relatório, voltado para o cumprimento de obrigação acadêmica, pode-se adotar:

- um dos três tipos de monografias citadas nos capítulos 3, 4 e 5; ou
- um tipo de relatório equivalente àquele exigido no estágio supervisionado.

O *estágio supervisionado*, segundo a legislação básica que o regulamenta, foi criado com o objetivo de aperfeiçoar o processo ensino-aprendizagem, dando ao aluno a oportunidade de desenvolver atividades relacionadas a pesquisa e execução de trabalhos práticos, com a aplicação dos conhecimentos adquiridos no curso por ele frequentado.

Planejamento do estágio

É o planejamento preparatório para direcionar as atividades do aluno, permitindo o monitoramento de suas tarefas e possibilitando os ajustes que se fizerem necessários para atingir os objetivos acadêmicos e as necessidades da organização que serve de campo de estágio.

O *plano de estágio* deve ser formulado com flexibilidade para melhor se adequar às contingências das situações encontradas nas organizações.

A elaboração do *plano de estágio* é um exercício prático do processo de planejamento, levando o aluno a fazer uma reflexão dos seus propósitos no estágio e uma revisão das teorias pertinentes à área na qual pretende aprofundar seus estudos. Portanto, o próprio desenvolvimento do plano de estágio contribui para o aperfeiçoamento da aprendizagem e resulta na oportunidade de utilização correta das normas técnicas da ABNT na estrutura de trabalhos acadêmicos.

O plano de estágio deve conter os seguintes elementos:

- *capa:* instituição de ensino, título (explicitar: plano de estágio e o nome do trabalho de estágio), autor, local, mês e ano;
- *folha de rosto:* instituição de ensino, título, autor, dados do professor orientador (nome e titulação), local, mês e ano;
- *apresentação:* finalidade, importância, justificativa e conteúdo;
- *sumário:* lista ordenada dos capítulos;
- *dados do estagiário:* nome, matrícula, curso, período;
- *tema para estudo:* descrição sucinta do que se pretende analisar;
- *problema:* descrição da questão, evolução, situação atual, dificuldades teóricas e práticas estimadas;
- *justificativa do estudo:* motivos que justificam realizar o estudo e as contribuições que poderá oferecer;
- *suporte teórico:* indicação e comentário de obras e autores que vão embasar o estudo;
- *metodologia do trabalho:* descrição dos métodos e técnicas a serem utilizados no desenvolvimento do trabalho;
- *resultados esperados:* soluções práticas e viáveis que o estudo poderá indicar;
- *identificação do campo de estágio:* nome da organização (razão social), nome de fantasia, ramo de atividade/setor econômico, endereço completo;
- *descrição do campo de estágio:* descrição geral e sistêmica da organização que servirá de campo de estágio;

- *histórico da organização:* informações sobre a fundação, contexto, motivos, idealizadores, fundadores, sócios, fatos pitorescos, situação atual, planos futuros;
- *missão/objetivos:* razão de ser da empresa/organização e finalidades sociais e/ou econômicas;
- *produtos/serviços:* tipos, quantidades, desempenho, produção, distribuidores, fornecedores, comercialização, assistência técnica, garantia;
- *mercado/público-alvo: locus* de atuação, perfil, dimensão;
- *estrutura de funcionamento:* estrutura organizacional, organograma, cargos e funções, número de empregados, natureza jurídica, recursos disponíveis, horário de funcionamento e de atendimento ao público;
- *atividades a desenvolver:* tipos de atividades práticas que espera desenvolver na empresa/organização, além das relativas à elaboração do trabalho teórico;
- *cronograma:* distribuição das etapas pelo tempo do estágio;
- *contracapa:* folha em branco para proteção do documento.

Relatório do estágio

O relatório do estágio corresponde ao trabalho final de conclusão do curso. É um trabalho escrito em que o estagiário relata o que foi observado, analisado e realizado por ele durante a sua experiência na organização.

Conforme a *NBR 6.029*, a estrutura do trabalho final deve ser composta das seguintes partes:

Elementos pré-textuais

- *Capa:* cobertura de material flexível que reveste e protege o corpo do trabalho, contendo os elementos essenciais à identificação do trabalho (ver instruções do plano de estágio);
- *folha de rosto:* deve conter os elementos essenciais à identificação do trabalho e a sua finalidade;
- *folha de apresentação:* autor, título, dados da apresentação, membros da banca, local e data;
- *dedicatória:* opcional;

- *agradecimentos:* opcional;
- *epígrafe:* opcional, apresentando-se uma citação, seguida da autoria, relacionada à matéria tratada no trabalho;
- *sumário:* enumeração das principais divisões do trabalho, na ordem em que se sucedem;
- *listas de ilustrações* (ou índice de figuras/tabelas/quadros): relação sequencial dos títulos ou legendas das ilustrações, tabelas e quadros constantes no trabalho, acompanhados dos respectivos números de páginas;
- *prefácio* (ou apresentação/prólogo): texto de esclarecimento, justificativa, comentário ou apresentação;
- *resumo*/abstract: apresentação concisa dos pontos relevantes do texto. Inclui: finalidade, metodologia, resultados e conclusão. Melhor iniciar sempre com verbos na terceira pessoa do singular. O *abstract* é a versão do resumo para outro idioma, devendo aparecer na mesma página que este, ou imediatamente a seguir.

Elementos textuais ou texto

- *Introdução:* parte inicial do texto, na qual se expõe o assunto como um todo. Inclui informações sobre a natureza e a importância do trabalho, relação com outros estudos sobre o mesmo assunto, razões que levaram à realização do trabalho, suas limitações e, principalmente, seus objetivos. Devem constar também as partes principais que compõem o trabalho;
- *contextualização* ou *problema:* consiste em descrever, sem juízos de valor a situação ou o contexto geral referente ao assunto em questão. Devem constar informações atualizadas e dados estatísticos, na medida do possível, visando a proporcionar maior consistência ao trabalho;
- *referencial* ou *embasamento teórico:* texto próprio (elaborado por quem escreve) no qual se deve apresentar os aspectos teóricos, conceitos e ideias de autores diversos que fundamentam a temática em questão. Devem-se apresentar as contribuições mais recentes e mais relevantes sobre o assunto. Utilizar citações (diretas, indiretas e/ou mistas) de trechos destacados das obras dos autores selecionados;
- *metodologia do trabalho* ou *procedimentos metodológicos:* devem constar o instrumental, os métodos e as técnicas aplicados para a elaboração de to

das as etapas do trabalho. Em geral referem-se as entrevistas, questionários, pesquisa bibliográfica, pesquisa documental, observações e experiências práticas, tudo no tempo pretérito;

- *análise e discussão dos resultados:* referência ao local do estágio (de acordo com o tema) no início da parte prática — contexto organizacional. Devem ser apresentados, de forma objetiva, precisa e clara, tanto os resultados positivos quanto os negativos. A discussão consiste na avaliação circunstanciada, na qual se estabelecem relações, deduções e generalizações. Refere-se aos aspectos práticos coletados ou observados na realidade;
- *conclusão:* fechamento do texto, em que se faz uma recapitulação ou síntese interpretativa dos resultados obtidos, permitindo sua relação com a teoria apresentada. Podem constar também recomendações e sugestões.

Elementos pós-textuais

- *Bibliografia:* lista ordenada das obras ou fontes citadas e consultadas que fundamentam o texto do trabalho. Recomenda-se que seja organizada por autor, em ordem alfabética;
- *anexos* (opcional): material adicional e complementar do texto. É destacado do texto para que a leitura não seja interrompida constantemente e para evitar a sobrecarga do trabalho. Consiste em: gráficos, ilustrações, quadros, fotografias, desenhos, e mesmo texto que represente um complemento ao texto monográfico. Deve ter ordenação própria e, no sumário, constar apenas o título genérico "Anexos";
- *impressor:* indicação do nome, endereço, local, data e nome do documento de impressão do compositor ou digitador, em folha única, sendo a última do trabalho. Vem centrado na parte inferior da página, discretamente. Pode fazer a função de *contracapa*;
- *contracapa:* cobertura de material flexível que reveste e protege a parte posterior do trabalho.

CAPÍTULO 7

Artigos técnicos

Apesar de a elaboração de artigos a serem publicados em revistas especializadas depender da linha editorial adotada em cada uma delas, é perfeitamente possível estabelecer um conjunto de diretrizes genéricas para subsidiar o pesquisador (ou aluno) na preparação deste trabalho.

Os trabalhos preparados para publicação em revistas especializadas, principalmente aquelas do tipo indexadas, devem ser sempre inéditos, tanto no plano nacional quanto no internacional

Como a referência bibliografica é uma questão ética importante, deve-se tomar um cuidado extremo com a utilização, sem a devida citação bibliográfica, de ideias e conceitos emanados de autores/pesquisadores de centros distantes e disseminados via Internet. Para o autor do artigo atualmente há facilidades em se *apropriar* de ideias e informações de outrem, de forma anônima, o que contraria os pressupostos éticos que devem prevalecer na elaboração de artigos. Portanto, é extremamente útil pesquisar e obter cópias de artigos que versem sobre o mesmo assunto, via Internet, ou pela mídia convencional.

Após identificados os artigos de interesse, pode-se verificar se o número do periódico está disponível numa biblioteca, de fácil acesso, através de consulta em catálogo de periódicos. Deve ser verificado também se as bibliotecas dispõem de banco de dados bibliográficos em *CD*, com texto completo de artigos. Caso o periódico não esteja disponível na biblioteca, pode-se utilizar o *Comut — Programa de Comutação Bibliográfica*.

http://200.18.223.7:8000/comut/html/

organizado pelo *Ibict — Instituto Brasileiro de Informação em Ciência e Tecnologia*. Tal sistema de pesquisa permite o acesso a artigos publicados em revistas e boletins, bem como a teses e anais de congresso.

Outra possibilidade, tanto para publicação quanto para consulta, é o documento de trabalho — *working paper* — como cópias individuais de artigos, em geral ainda não publicados. Normalmente são utilizados como primeiro veículo de divulgação de um trabalho acadêmico. Para fins de pesquisa é um dos tipos de documento mais difíceis de identificar e obter. Na Internet há alguns *sites* onde se pode fazer pesquisas de documentos de trabaho, impressos ou em meio eletrônico. Alguns *sites* úteis são:

http://netec.wustl.edu/%7eadnetec/WoPEc/WoPEc.html

http://netec.wustl.edu/~adnetec/BibEc/BibEc.html   (assuntos em economia)

Como artigo voltado para a publicação em revista especializada, normalmente com público exigente, é recomendável que o seu conteúdo seja desenvolvido de forma a despertar o interesse do público-alvo da revista. Caso isso não aconteça, e para tanto é importante que seu autor faça uma autoavaliação criteriosa, nem vale a pena se preocupar com sua publicação. Essa avaliação pode ser feita verificando se o artigo:

- explicita claramente o assunto principal ou a essência do artigo;
- tem conteúdo que possa despertar o interesse do público-alvo da revista e, se tal público é nitidamente identificável e conhecido do autor;
- traz alguma contribuição com algo inovador em relação ao que foi publicado anteriormente nessa mesma área/assunto;
- em essência, se caracteriza por ideias e conceitos consistentes de longo prazo, evitando conteúdo de rápida obsolescência.

Este interesse pode ser atingido na medida em que o artigo se caracterize por um texto que não seja hermético, de difícil compreensão, motivando apenas um público restrito de leitores.

Outra sugestão é que o artigo seja escrito em função do público-alvo da revista, pressupondo, portanto, que o autor tenha conhecimento desse público que, além de exigente, normalmente se carateriza pela heterogeneidade de formação e conhecimentos. Dessa forma, para que o artigo seja acessível a todos os leitores, é fundamental que tenha linguagem e apresentação claras e precisas.

Ainda com o objetivo de despertar o interesse do público-alvo é interessante que o artigo seja estruturado do geral para o particular, de *fora para dentro*, ou segundo um enfoque sistêmico que contemple os seguintes tópicos genéricos:

- síntese do trabalho (ou *abstract*);
- apresentação do objetivo conceitual;

Artigos Técnicos

- desenvolvimento do raciocínio;
- conclusões.

Conforme as *Normas para publicações da Unesp* (1994), os *artigos de publicações periódicas*, na medida do possível, devem observar a seguinte ordem não enumerada: título, autor(es), resumo, palavras-chave, filiação, introdução, metodologia/material e método(s), resultado(s), discussão, conclusão, agradecimentos, anexos/apêndices (se houver), referências bibliográficas, data. Ainda segundo a Unesp, para as revistas da área de humanas não é possível esta divisão do texto, dado o seu caráter específico; porém, é recomendável a colocação de um intertítulo a cada 80 linhas de texto, pelo menos. A recomendação é evitar a fragmentação de um artigo longo em diversas partes no mesmo fascículo.

As *Normas para publicações da Unesp* estabelecem recomendações para a redação do texto do artigo em suas *preliminares/pré-texto* (título/cabeçalho, autor, resumo/*abstract*, palavras-chave/*key words* e filiação científica), *texto* (introdução, metodologia/material e método, resultado, discussão, conclusão e notas de rodapé) e *pós-liminares/pós-texto* (agradecimento, *abstract*/resumo, *key words*/palavras-chave, anexos e/ou apêndices, referências bibliográficas e data).

As recomendações da Unesp para redação de artigos de publicações periódicas, no que se refere às ***preliminares/pré-texto***, são descritas a seguir.

O *título ou cabeçalho* deve ser claro e objetivo, podendo ser completado por um subtítulo, porém não muito extenso. Evitar abreviações, parênteses e fórmulas que dificultem a compreensão.

Em *autor*, deve-se indicar o nome completo do autor com entrada direta e o sobrenome, conforme a indicação do autor, em caixa alta (maiúscula).

O *resumo/abstract* deve conter, no máximo, 200 palavras e expressar, de maneira clara e concisa, a proposição do trabalho, seu método de estudo, resultados e principais conclusões.

As palavras-chave/*key words* devem ser incluídas numa relação de até seis palavras representativas do assunto tratado no trabalho, retiradas de *thesaurus* da área (quando houver), separadas entre si por ponto e vírgula.

Na *filiação científica* deve-se indicar, em forma de notas de rodapé, a instituição a que pertence(m) o(s) autor(es): departamento — instituto ou faculdade — universidade (sigla) — CEP — cidade — estado — país.

As recomendações da Unesp para ***redação de artigos de publicações periódicas***, no que se refere ao texto, são descritas a seguir.

A *introdução* deve expor preliminarmente o tema e relacioná-lo com a literatura consultada, apresentando os objetivos e a justificativa do trabalho.

Quanto a *metodologia/material e método*, deve-se descrever o material e os métodos utilizados para o desenvolvimento da pesquisa, indicando as técnicas e processos utilizados na investigação.

O *resultado* deve apresentar os dados encontrados na parte experimental, podendo ser ilustrado com quadros, tabelas, gráficos, desenhos, fotografias etc.

A *discussão* deve-se ater estritamente ao resultado do trabalho e seu confronto com dados pertinentes encontrados na literatura. Dependendo do estilo ou da necessidade, pode ser apresentada juntamente com o *resultado*.

A *conclusão* é considerada, antes de tudo, uma resposta à problemática do tema exposto na introdução. Deve ser breve, concisa e referir-se às hipóteses levantadas e discutidas anteriormente, podendo incluir também recomendações e/ou sugestões de desenvolvimento de outras pesquisas na área.

Para as *notas de rodapé* é recomendado o seguinte conteúdo:

- informações obtidas através de canais informais, como correspondências pessoais, comunicações, documento de divulgação restrita, trabalhos não publicados etc.;
- comentários e/ou observações pessoais do autor ou outras informações.

As notas devem ser reduzidas ao mínimo, colocadas no pé da página, separadas do texto por um traço contínuo de aproximadamente 1/3 da linha, a partir da margem esquerda, em espaço simples, com caracteres menores do que os usados no texto. Usa-se espaço duplo para separar as notas entre si. As notas não devem ocupar mais de 50% do espaço total da página.

Para as áreas de exatas e biomédicas, as remissões para o rodapé devem ser feitas por asteriscos na entrelinha superior; para a área de humanas, as remissões para o rodapé devem ser feitas por números na entrelinha superior.

As recomendações da Unesp para redação de artigos de publicações periódicas, no que se refere às ***pós-preliminares/pós-texto***, são descritas a seguir.

Agradecimento, a instituições ou pessoas que contribuíram de maneira relevante para o trabalho.

O *abstract/resumo* deve ser encabeçado pela referência bibliográfica do próprio artigo, colocando-se o nome de todos os autores. A tradução do título do artigo e do resumo para o inglês é obrigatória, podendo ser acompanhada de outras em diferentes idiomas.

As *key words/palavras-chave* são as mesmas utilizadas no início do trabalho, mas no idioma do resumo/*abstract* que as precede.

Os *anexos e/ou apêndices* constituem material complementar ao texto, devendo ser incluídos somente quando imprescindíveis à compreensão deste. Exemplo: textos de lei, formulários ou questionários utilizados em metodologia/material e método etc. Os anexos devem ser identificados por letras maiúsculas consecutivas e seus respectivos títulos. As páginas são numeradas consecutivamente ao texto.

As *referências bibliográficas* devem obedecer às normas da NBR 6.023 da ABNT.

Quanto à *data*, devem constar o dia, o mês e o ano em que o trabalho foi recebido e aceito para publicação (a comissão editorial comunica essa decisão, por escrito, ao autor).

O artigo, eventualmente, pode ser um *resumo de uma monografia* desenvolvida de acordo com a proposta metodológica desta obra, qualquer que seja o tipo de monografia, enquadrada nesses tópicos genéricos.

Ou seja, uma sugestão ou possibilidade metodológica é desenvolver o assunto passível de publicação inicialmente na forma de monografia para, posteriormente, sintetizar na forma de artigo. O artigo também poderia ser enquadrado nos tipos de monografias explicitados anteriormente, quais sejam:

- análise teórica;
- análise teórico-empírica;
- estudo de caso.

CAPÍTULO 8

Pesquisa e levantamento de dados na Internet

Normalmente a busca de obras relativas à elaboração de uma monografia está associada a visitas a bibliotecas, acervos técnicos e fontes bibliográficas públicas e privadas.

Tal busca pode se dar ainda através da compra de livros, publicações, revistas especializadas e participação em cursos, seminários, congressos e treinamento em geral. É uma forma tradicional, mas eficaz, de obtenção de informações especializadas.

Entretanto, atualmente, não se pode deixar de lado as possibilidades oferecidas pela Internet.

Recentemente, superando os obstáculos iniciais de *hardware* e *software*, tornou-se viável para qualquer pessoa, principalmente para pesquisadores e acadêmicos, acessar serviços e informações na Internet. Na verdade a Internet não é ainda uma rede homogênea, como uma rede local em um escritório ou uma rede remota em um *campus* universitário. Atualmente, a Internet é um aglomerado, interligado de maneira liberal e redundante, de redes menores e computadores isolados, em que todos esses elementos compartilham informações usando os vários protocolos como uma linguagem coloquial.

Segundo Crumlish,[4] o progresso mais importante no sentido de tornar a Internet fácil e acessível foi o desenvolvimento da *World Wide Web*, um subconjunto da Internet, e de programas chamados *browsers Web*, que permitem examinar e navegar as inúmeras fontes de informação, comunicação e *software* da rede.

O que existe na Internet é um excesso de *informações*, da mesma forma que acontece com as fontes bibliográficas tradicionais. Desse modo, vale a recomendação de **ser seletivo na coleta de dados para a monografia**. É preferível começar o desenvolvimento gradativo da monografia e ir acessando aos poucos as fontes bibliográficas disponibilizadas em ambas as mídias, a efetuar a leitura e resumir textos acessando as fontes bibliográficas tradicionais e/ou

---

[4] Crumlish, 1997.

navegar na Internet para depois começar de fato a escrever (o aluno irá se perder e trabalhar desnecessariamente).

A sugestão, quando o aluno não tiver endereços previamente identificados, é a utilização de *sites* de procura para obter as informações necessárias. Para tanto existe o *Search Engine Watch* (www.searchenginewatch.com) que ajuda os desenvolvedores *Web* a ter suas páginas indexadas, facilitando também a decisão do usuário final sobre qual *site* de busca utilizar, oferecendo comparação entre os diferentes serviços para saber qual está mais atualizado. Mostra ainda como máquinas de procura funcionam, qual a melhor maneira de indexar seu *site*, como checar sua *URL* e inclui até mesmo uma seção que detecta que pessoas já visitaram o seu *site* e quantas vezes.

Para se ter uma ideia do volume de dados da Internet, basta uma simples lista resumida dos *sites* voltados para:

- negócios;
- área financeira;
- notícias;
- entretenimento;
- arquivos públicos;
- dados governamentais;
- área acadêmica e universitária;
- bibliotecas públicas e acadêmicas;
- informações em geral.

Apenas para citar um exemplo de pesquisa em um desses *sites*, tem-se o *Sistema Integrado de Bibliotecas da Universidade de São Paulo*, que possibilita pesquisa em:

- produtos;
- serviços;
- convênios;
- produção bibliográfica;
- lançamento de publicações;
- boletins de interação;
- *download*/cópias de publicações e trabalhos.

Por sua vez, em um segundo nível de pesquisa, se o aluno acessar convênios, surgirão as instituições/entidades conveniadas (ou parcerias) com a USP, por exemplo:

- The A. W. Mellon Foundation, EUA (conversão retrospectiva dos acervos bibliográficos USP);
- Biblioteca Nacional (conservação e preservação de acervos bibliográficos);
- Bireme — Centro Latino-Americano e do Caribe de Informações em Ciências da Saúde (rede nacional de informação na área de ciências da saúde);
- Instituto Brasileiro de Informação em Ciência e Tecnologia (catálogo coletivo nacional de periódicos, Rede Antares e sistema de informação sobre teses);
- Istec — The Ibero-American Science and Technology Education Consortium (troca de documentos na área de engenharia, via Internet);
- Online Computer Library Center — OCLC, EUA (catalogação *on-line*);
- Universidade da Califórnia, Los Angeles, EUA (intercâmbio);
- Universidades estaduais paulistas — USP, Unicamp, Unesp (CD-ROM UNIBIBLI).

O exemplo anterior é esclarecedor quanto ao efeito cascata da Internet; a partir do acesso ao *site/home page*, pode-se passar a níveis subsequentes (estratos inferiores) de informações relacionadas ao tema selecionado.

Para entrar no Sistema Integrado de Bibliotecas da Universidade de São Paulo, acessar a seguinte *home page*:

http://www.usp.br/sibi/sibi.html

ou

http://www.usp.br/sibi/sibiconv.html

Para eventuais trocas de ideias e/ou informações sobre o sistema, via correio eletrônico, entrar no seguinte *e-mail*:

dtsibi@org.usp.br

Outras bibliotecas brasileiras têm convênio com o Ibict, através do qual elas permitem que usuários externos consultem suas bases de dados em CD, através de correio eletrônico. A consulta por *e-mail* é feita com o envio de palavras-chave para a biblioteca, que retorna a consulta via *e-mail*. A relação das bibliotecas que disponibilizam esse serviço é mantida pelo Ibict em Rede Antares — Acesso a Bases de Dados nos Centros Distribuidores em:

http://www.ibict.br/antares/basecd2.htm

Muitas bibliotecas oferecem catálogos em meio eletrônico para consulta local ou via conexão remota *on-line*, inclusive via Internet. *Grosso modo*, para acessar esses catálogos existe a interface *www* e a conexão *telnet*. A interface *www* é mais fácil em comparação com as características do *telnet*, que normalmente são lentas e complicadas.

Apenas para citar algumas bibliotecas conectadas *on-line*, acessíveis para fins de pesquisa bibliográfica, tem-se:

- *http://www.bnf.fr/* (La Bibliothèque Nationale de France);
- *http://canarie.hec.ca/biblio/* (Bibliothèque d'École des Hautes Études Commerciales de Montréal);
- *http://www.bu.ufmg.br/* (Universidade Federal de Minas Gerais);
- *http://www.sabi.ufrgs.br/* (Universidade Federal do Rio Grande do Sul);
- *http://www.pucpr.br/biblioteca.html* (Biblioteca da PUC);
- *http://www.celepar.br/governo/biblio/biblio.html* (Bibliotecas do Paraná);
- *http://opac97.bl.uk* (British Library);
- *http://www.biblinat.gouv.qc.ca:6611/* (Bibliothèque Nationale du Québec);
- *www/z39.50Gateway* (Biblioteca do Congresso Americano);
- *http://lcweb.loc.gov/z3950/gateway.html*

Outros exemplos das infinitas fontes de pesquisa na Internet são:

- Banco Central (*www.bcb.gov.br*): biblioteca aberta ao público com informações abordando temas econômicos, financeiros e de administração;
- IBGE (*www.ibge.gov.br* ou *http://www.cddi.ibge.gov.br*): acesso a dados estatísticos como PIB, produção agrícola, produção industrial, indicadores de empregos e salários, índices de preços, entre outros dados estatísticos;

PESQUISA E LEVANTAMENTO DE DADOS NA INTERNET   99

- *Business Week Online* (*www.businessweek.com*): informações diárias sobre o mercado financeiro e acontecimentos importantes, com guia interativo de informática com resenhas e avaliações, permite a pesquisa nos textos publicados desde outubro de 1991;
- Fipe (*143.107.93.220/fipe.htm*): dados de índice de preços ao consumidor e afins;
- *Financial Times Online* (*www.FT.com*): notícias sobre mercados econômicos e indicadores financeiros; acesso a todos os artigos publicados no *site* e textos publicados desde julho de 1996;
- FiscoData Legislação (*www.fiscodata.com.br*): banco de dados de legislação nas áreas tributária, fiscal, administrativa, jurídica, entre outras;
- *Gazeta Mercantil* (*www.gazetamercantil.com.br*): informações diárias sobre o mercado econômico e acesso ao texto integral das matérias publicadas;
- Seade (*www.seade.gov.br*): informações socioeconômicas sobre o estado de São Paulo;
- Sebrae (*www.sebrae.org.br)*: bolsa de negócios, eventos, estudos e pesquisas;
- MercosulSearch (*www.mercosulsearch.com.br*): banco de dados com diversas companhias dos países do bloco.

Outra possibilidade de consultas bibliográficas via Internet são os catálogos de editoras, que permitem o acesso aos últimos lançamentos. Uma vez identificados os livros, pode-se adquiri-los nas livrarias locais ou nas livrarias virtuais. A cada dia que passa mais e mais livrarias se incorporam à rede mundial, entre elas:

   http://www.booknet.com.br/ (BookNet);
- *http://www.amazon.com/* (Amazon Books);
- *http://www.bookshop.co.uk/* (The Internet Book Shop);
- *http://www.books.com/* (Books Stacks Unlimited).

As obras clássicas de metodologia científica classificam os dados coletados para o desenvolvimento de monografia em duas categorias:

- dados primários;
- dados secundários (coletados de publicações, cadastros, fichários e afins).

Dados primários são aqueles obtidos diretamente de informantes ou fontes da pesquisa, através de questionário e entrevistas. Esses dados são utilizados nas *monografias de análise teórico-empírica*. Para a obtenção dos *dados primários* pela Internet, a sugestão é enviar *e-mail* (endereços da rede) aos componentes da *amostra*, contendo o instrumento da pesquisa predefinido, conforme orientações técnicas e científicas para obtenção de amostra para a condução da pesquisa citadas nas obras de metodologia científica.

A obtenção dos *e-mails* pode ser feita diretamente com as pessoas responsáveis pelo endereço, ou mesmo através de listas e catálogos eletrônicos disponibilizados no mercado.

Consultas a artigos *on-line* ou em versão eletrônica podem ser feitas nos *sites* de inúmeras instituições públicas, privadas e acadêmicas, tais como:

- *http://www.fgvsp.br/public/rae/rae1.htm* (*Revista de Administração de Empresas* da FGV-SP);
- *http://www.ibam.org.br/ram/ram.html* ou *http://www.ibam.org.br* (Ibam — Instituto Brasileiro de Administração Municipal).

Segundo Crumlish,[5] se a Internet fosse perfeita, todos os destinos interessantes na *World Wide Web* poderiam ser acessados bastando um simples clique no botão do *mouse*. No entanto, como a rede evolui muito rapidamente, não há uma única lista que abranja tudo que se queira consultar. Pode-se descobrir endereços interessantes na *Web* por meio de um livro ou de um artigo no jornal, ou de outras pessoas. Nesse caso, a localização na *Web* é expressa sob a forma de um *URL* — *Universal Resource Locator* (localizador universal de recurso) que na prática significa apenas um endereço eletrônico na Internet expresso de uma forma que qualquer *browse* possa entender. Esses endereços *Web*, em geral, começam com *http://* (ou outra coisa://) e terminam com. *html*, ou apenas com uma *barra* para indicar o arquivo padrão em uma pasta.

Em outras palavras, com o advento da Internet e outras formas de mídias eletrônicas, surgiu uma outra opção para captação de *dados secundários*. Os dados secundários são utilizados nos três tipos de monografia abordados nesta obra.

---

[5] Crumlish, 1997.

Com a rápida disseminação de informações através da Internet, a atividade de pesquisa está mudando significativamente em direção a uma biblioteca virtual, através do meio digital/eletrônico, na qual o número de fontes disponíveis para a elaboração de monografias e outros trabalhos acadêmicos está sendo ampliado exponencialmente, facilitando a busca bibliográfica a textos e documentos arquivados nas bibliotecas das instituições de ensino de todo o país. Essa facilidade encontra-se disponibilizada também nas obras catalogadas em *sites* das principais livrarias localizadas em todo o território nacional.

Com a Internet também se torna viável o acesso a obras e trabalhos acadêmicos produzidos em outros países, seja através de *sites* de livrarias estrangeiras ou de navegação direta aos endereços eletrônicos de universidades e institutos de pesquisas. A interação de pesquisadores e técnicos das diferentes instituições de ensino é possível através de *e-mail*, que é um canal de mão dupla na troca de informações sobre temas de interesse comum. Tal facilidade tende a encurtar o tempo e a defasagem entre o que se discute lá fora e o que se desenvolve aqui.

Longe de substituir a forma tradicional de pesquisar um determinado assunto fisicamente nas bibliotecas, o novo modo de acessar informações tende a complementar aquela maneira clássica. Atualmente, a maioria dos índices especializados são comercializados também em versões eletrônicas, em CD-ROM ou em disquetes. Esses índices podem ser consultados nas bibliotecas que os subscrevem — incluindo, eventualmente, texto completo dos artigos de periódicos indexados — e dispõem de mecanismos de busca semelhantes aos dos índices em papel, porém com mais facilidade de utilização. De fato, com a comunicação, via Internet, das novas mídias eletrônicas e óticas, como o CD-ROM, as bibliotecas evoluem para uma nova forma de prestação de serviços e de catalogação e arquivamento do acervo bibliográfico. Esta nova biblioteca deve interligar a tradicional, representada por seu acervo tradicional de livros e demais obras, e a virtual, representada pelo conjunto de equipamentos computacionais, de telecomunicação e *software* para acesso à navegação.

Na Internet existem *sites* desenvolvidos especificamente para facilitar a busca de informações. As *home pages* com mecanismos de busca em português ainda são modestas e listam poucas páginas, se comparadas àquelas com mecanismos em inglês. O acesso a esses *sites* de pesquisa segue o mesmo procedimento de uma consulta a biblioteca: a partir do assunto a ser pesquisado é feita a consulta no fichário, com fichas arquivadas por ordem de autor e assunto.

O mecanismo de busca (como os internacionais Yahoo e Alta Vista, ou o UOL, no Brasil), quando acessado no seu campo de endereço com a URL específica (por exemplo: *htpp://www.yahoo.com*), exibirá a tela principal desse *site*, permitindo assim localizar a informação desejada através da palavra-chave de sua pesquisa.

A partir dessa palavra única, será apresentada uma relação de *sites* que possuem informações sobre o assunto em pesquisa. Ao lado de cada *site* vem uma pequena explicação sobre o que se encontra disponível naquele endereço (para visualizar o conteúdo de um *site*, basta dar um clique em seu nome). Normalmente serão exibidos muito mais *sites* do que o usuário necessita e sobre assuntos não diretamente relacionados ao tema almejado.

Portanto, o usuário precisa filtrar sua busca de modo a obter resultados satisfatórios. Nesse tipo de pesquisa, a informação que se procura pode custar a ser localizada. Como alternativa, substitui-se a palavra-chave por uma mais específica, agilizando-se assim o processo de localização.

Quando se deseja localizar apenas uma palavra num texto longo de *home page*, utiliza-se a opção Editar — Localizar, informando a palavra-chave de sua pesquisa para que o *software* de navegação (*browser*) a localize.

À medida que se desenvolve a pesquisa na Internet, convém armazenar *sites* úteis para futuros acessos, razão por que é recomendável cadastrar as *home pages* mediante o recurso Favoritos — Adicionar Favoritos da barra de ferramentas. Desse modo, a um simples clique no botão Favoritos, tais págirias podem ser localizadas a qualquer momento.

Uma vez encontrada a informação, pode-se guardá-la no computador através da opção Arquivo — Salvar Como, recurso que, semelhantemente ao dos processadores de texto, informa o nome do arquivo e a pasta em que deverá ser armazenada a página da Internet acessada. As páginas da Internet podem ser armazenadas em dois formatos: *html* e *txt*. Esta última opção não salvará as imagens, mas apenas os textos. Os formatos *html* podem ser abertos a partir de um navegador ou de um editor de *home page*. Já os formatos *txt* poderão ser abertos em qualquer editor de textos e editor de *home pages*. O formato padrão dos arquivos das páginas da Internet é o *html* ou *htm*.

Analogamente, pode-se copiar textos das páginas da Internet selecionando a parte do texto desejada e utilizando o recurso Editar — Copiar e, dentro do arquivo de trabalho em andamento já no editor de texto, utilizar a opção Edita

— Colar. Para copiar imagem, deve-se clicá-la com o botão direito do *mouse* e em seguida indicar a opção Salvar Figura Como, informando o diretório, o arquivo, o nome a ser dado e o formato da imagem a ser guardada.

Em vez de salvar, pode-se simplesmente imprimir o conteúdo das *home pages* através do recurso Arquivo — Imprimir ou clicando o ícone de impressão na barra de ferramentas.

Sugere-se que toda consulta feita na Internet seja referenciada no trabalho monográfico da mesma forma que as citações bibliográficas mencionadas no decorrer desta obra. A rigor não existe padrão convencionado para citação de material disponibilizado na Internet.

Para referenciar bibliograficamente o material obtido na Internet, devem ser observadas as diretrizes estabelecidas na NBR 6.023 da ABNT. A rigor não existem normas específicas para citação de material obtido eletronicamente, razão pela qual se sugere que, além da referência bibliográfica segundo os preceitos da ABNT, conste a fonte acessada na rede mundial, conforme os exemplos apontados a seguir:

(Autor-título da obra consultada-data-etc.) Disponível:
http://library.utoronto.ca/www/utel/rp/intro.html (acessado ern 21-2-2000)

(Autor-título da obra consultada-data-etc.) Disponível:
http://www.idg.com.br/poworld/56multim.htm (acessado em 22-2-2000).

No caso de consulta a outro tipo de mídia eletrônica como CD-ROM, uma das possibilidades é referenciar a obra da seguinte forma:

Amado, Jorge (CD-ROM). Vida e obra. Versão 1.0. Concepção, pesquisa, projeto e coordenação de mídias e de direitos autorais: Consultores Associados & Multimídia — CAMM. Rio de Janeiro, Montreal Informática — MI, 1994.

Endereços úteis para pesquisa

Bases	URL / Telnet / Mail
❏ Base Dedalus da USP	http://www.usp.br/sibi
❏ Base Asterix da UFRGS	http://www.sabi.ufrgs.br telnet asterix.ufrgs.br
Login:bib	
❏ Base da PUC-Rio	http://www.dbd.puc-rio.br/
❏ Base da PUC-RS	Telnet aleph.pucrs.br http://www.ultra.pucrs.br/biblioteca
Login:guest	
❏ Base Energy O interessado deve solicitar uma senha. O acesso é gratuito.	http://cin.cnen.gov.br/rebie/
❏ Base PUC-PR	http://www.pucpr.br
❏ Biblioteca Central da UFRGS A Biblioteca Central disponibiliza obras das Bibliotecas UFRGS e Biblioteca Pública do Estado	http://www.ufrgs.biblioteca.br
❏ Biblioteca do CT/UFRJ	http://acd.ufrj.br/~ctbib/
❏ Biblioteca do Instituto de Matemática Pura e Aplicada (Impa)	http://www.impa.br
❏ Biblioteca Nacional	Telnet ars.bn.br http://www.dpt.bn.br/basesdd2.htm
Login: fbncons Senha: consulta	
❏ Biblioteca *on-line* do LNCC	http://wwwftp.lncc.br
❏ Biblioteca Pública de Nova York	http://digital.nypl.org
❏ Biblioteca virtual do estudante brasileiro (A Escola do Futuro — USP)	http://www.bibvirt.futuro.usp.br
❏ Biblioteca virtual do Ibict Login: antares Ibict: hello ibict.ibict	http://www.ibict.br/bibvirtu
❏ Biblioteca virtual do Ministério do Meio Ambiente (MMA)	http://www.mma.gov.br/port/CGMI biblio.html

continua

Bases	URL / Telnet / Mail
❏ Bibliotecas virtuais — Comitê Gestor Internet Brasil	http://www.cg.org.br/gt/gtbv.htm
❏ Bibliotecas virtuais — Informação sobre lista de discussão	http://www.cg.org.br/gt/gtbv/lista.htm
❏ Bibliotecas virtuais nacionais — Acesso e informações	http://www.cg.org.br/gt/gtbv/links.htm
❏ British Council, The — Brazil	http://www.britcoun.org/brazil index2.htm
❏ Catálogo Coletivo Nacional de Publicações Seriadas (CCN)	http://www.ct.ibict.br:82/ccn/admin/
❏ Catálogo de Recursos em Informações Agropecuárias — (Cria)	http://www.cria.org.br
❏ Centro de Tecnologia da UFRJ	http://www.ct.ufrj.br
❏ CEP	http://www2.sunrise.com.br/cd-cep
❏ Chemistry Societies Network, The	http://www.chemsoc.org
❏ Cnen — CD-CIN *on-line* usuário: crabs001 senha: ufrj170	http://www.cnen.gov.br
❏ CNI — Base de dados *on-line* do	http://www.cni.org.br
❏ CPRM Base Bibl	http://www.cprm.gov.br
❏ Fundação Getulio Vargas (FGV)	http://www.fgv.br
❏ IBGE	http://www.ibge.gov.br
❏ Ibict — Redes e sistemas de informação	http://www.ibict.br/ibict/redes.htm
❏ Inpi	http://www.inpi.gov.br
❏ ISSN	http://www.ibict.br/issn
❏ Libweb Bibliotecas na Internet; lista mais de 3000 páginas de bibliotecas em 90 países	http://sunsite.berkeley.edu/libweb/index.html

continua

Bases	URL / Telnet / Mail
Ligdoc — Bibliotecas participantes — exterior	
❏ Pontificia Universidad, Colombia (Javeriana)	http://www.javeriana.edu.co/javeriana biblioteca
❏ Pontificia Universidad Catolica del Peru (PUCCP)	http://www.pucp.edu.pe
❏ Universidad de Granada, Espanha (UGR)	http://www.ugr.es
❏ Universidad de Los Andes, Colombia (Uniandes)	http://perseo.uniandes.edu.co/webpac
❏ Universidad Nacional de la Plata, Argentina (UNLP)	http://anubis.unlp.edu.ar
❏ University of New Mexico Centennial Science Engineering Library, EUA (UNM)	http://libros.unm.edu
Ligdoc — Bibliotecas participantes — BR	
❏ Centro Técnico Espacial/Instituto Tecnológico de Aeronáutica/Div. Biblioteca Central (CTA/ITA)	http://www.bibli.ita.cta.br
❏ PUCRS	http://www.ultra.pucrs.br/biblioteca
❏ UFSC	http://www.bu.ufsc.br
❏ Unesp (Faculdade de Engenharia de Guaratinguetá (FEG); Faculdade de Engenharia de Ilha Solteira (Feis); Faculdade de Engenharia e tecnologia de Bauru (FET)	http://www.unesp.br
❏ Unicamp Biblioteca da Área de Engenharia FCM — Faculdade de Ciências Médicas	http://www.unicamp.br
❏ USP Escola Politécnica (EP) Escola de Engenharia de São Carlos (Eesc)	http://www.usp.br/sibi

cont.

Bases	URL / Telnet / Mail
❑ UFRJ	http://www.ufrj.br/sibi ligdoc@ct.ufrj.br
❑ PUC-Rio	http://www.puc-rio.br
❑ Universidade Federal de Uberlândia (UFU) UFU/UMU/DB UFU/SM/DB	http://www.bibliotecas.ufu.br
❑ IME Universidade Federal de Pernambuco/ Centro de Tecnologia Geociências (UFPE/CTG)	http://www.ime.eb.br http://www.ctg.ufpe.br/biblioteca/ biblio.htm
Livrarias Virtuais	
❑ Siciliano	http://www.siciliano.com.br
❑ Amazon	http://www.amazon.com
❑ Cultura	http://www.livcultura.com.br
❑ Booknet	http://www.booknet.com.br
❑ Northern Light *Site* de busca na *Web*, acrescenta no menu opções o serviço *Reference search*, para pesquisa em bibliotecas *on-line* americanas a partir de referências bibliográficas	http://www.northernlight.com
❑ PC World Edições anteriores Programas Download	http://www.pcworld.com.br http://www.pcworld.com.br/pcworld http://www.pcworld.com.br/worldware http://www.pcworld.com.br/download
❑ Prossiga — Como achar o que deseja na Internet — para pesquisadores	http://www.prossiga.br/comoachar
❑ Rede Antares — solicitação de informações	e-mail: antares-tec@ibict.br

continua

Bases	URL / Telnet / Mail
❑ Rede Antares — Informações e acesso às bases de dados	http://redeantares.ibict.br
❑ Rede Antares — Ibict — Acesso à base de dados Login: antares Ibict: hello antares.ibict Escolher a base de dados Digitar = Digitar reclimit 1 Digitar palavras-chave Digitar b (para ver as referências recuperadas)	Telnet antares.ibict.br
❑ Royal Society of Chemistry, The	http://chemistry.rsc.org/rsc/
❑ *Sites* de busca	http://www.argos.com.br http://www.bookmarks.alternex.com.br http://www.brazilis.com.br http://www.cade.com.br http://www.google.com (robôs de busca) http://www.imais.com.br (tecnologia internet, download-aplicativos) http://www.onde.com http://www.ondeir.com.br
❑ UFMG	http://www.bu.ufmg.br
❑ UFPA — Biblioteca central	http://www.ufpa.br/bc
❑ UFPR Vários *links* de Universidades; para pesquisa, acessar endereço de bibliotecas virtuais	http://www.ufpr.br

continua

Bases	URL / Telnet / Mail
❏ UFRJ/SIBI — Base de Dados da (clicar Minerva) (clicar Minerva) *Algumas bases de dados estrangeiras podem ser consultadas a partir da página*	http://www.acd.ufrj.br/sibi http://www.ufrj.br/sibi
❏ UFSC (Com Bibliotecas Virtuais para busca) Login: con	http://www.bu.ufsc.br telnet bu.ufsc.br
❏ UMI	http://www.umi.com
❏ Uncover Artigos de periódicos internacionais indexados (usar * para truncamento)	Telnet database.carl.org http://www.carl.org/carl.html
❏ UNI-RIO	http://pub2.lncc.br:80/unirbibli/index.htm
❏ Unicamp	http://www.unicamp.br
❏ Universidade de Passo Fundo	http://www.upf.tche.br/biblioteca

CAPÍTULO 9

Recomendação para redação, digitação e edição

Sugestões para redação

A recomendação quanto ao estilo e conteúdo da monografia observa as *Normas para publicações da Unesp*,[6] *que estabelecem que o texto deve ser redigido de maneira clara e concisa, seguindo a ortografia vigente, evitando o uso de jargões ou modismos considerados inadequados ou errados. Relatos individuais também devem ser evitados.*

A intenção deste capítulo não é ensinar redação, tampouco regras gramaticais aplicáveis a textos de língua portuguesa. Tais regras são tratadas de forma abundante e variada nas obras que versam sobre o assunto. No *Manual de redação e estilo de O Estado de S. Paulo*,[7] Martins Filho estabelece uma série de regras a serem observadas na preparação de textos noticiosos, com algumas delas aplicáveis à redação de monografias:

- ser claro, preciso, direto, objetivo e conciso, utilizando frases curtas e evitando intercalações excessivas ou ordens inversas desnecessárias;
- construir períodos com no máximo duas ou três linhas, bem como parágrafos com cinco linhas cheias, em média, e no máximo oito;
- simplicidade como condição essencial do texto;
- a simplicidade do texto não implica necessariamente repetição de formas e frases desgastadas, uso exagerado de voz passiva (*será iniciado, será realizado*), pobreza vocabular etc. Com palavras conhecidas de todos, é possível escrever de maneira original e criativa e produzir frases elegantes, variadas, fluentes e bem alinhavadas;

---

[6] Unesp, 1994.
[7] Martins Filho, 1997.

- adotar como norma a ordem direta, por ser aquela que conduz mais facilmente o leitor à essência do texto, dispensando detalhes irrelevantes e indo diretamente ao que interessa, sem rodeios;
- não começar períodos ou parágrafos seguidos com a mesma palavra, nem usar repetidamente a mesma estrutura de frase;
- desprezar as longas descrições e relatar o fato no menor número possível de palavras;
- recorrer aos termos técnicos somente quando absolutamente indispensáveis e nesse caso colocar o seu significado entre parênteses;
- procurar banir do texto os *modismos* e os *lugares-comuns*, bem como dispensar os *preciosismos* ou expressões que pretendam substituir termos comuns;
- dispensar palavras e formas empoladas ou rebuscadas, que tentem transmitir ao leitor mera ideia de erudição;
- não perder de vista o universo vocabular do leitor, adotando a seguinte regra prática: *nunca escrever o que você não diria*;
- termos coloquiais ou de gíria devem ser usados com extrema parcimônia e apenas em casos muito especiais, para não darem ao leitor a ideia de vulgaridade e principalmente para que não se tornem lugares-comuns (*a mil, galera, detonar, deitar e rolar, grana, bacana* etc.);
- ser rigoroso na escolha das palavras do texto, desconfiando dos sinônimos perfeitos ou de termos que sirvam para todas as ocasiões. Em geral, há uma palavra para definir uma situação;
- encadear o assunto de maneira suave e harmoniosa, evitando a criação de um texto onde os parágrafos se sucedem uns aos outros como compartimentos estanques, sem nenhuma fluência entre si. Por encadeamento de parágrafos não se entenda o cômodo uso de vícios linguísticos, como *por outro lado, enquanto isso, ao mesmo tempo, nesse sentido, não obstante* e outros do gênero. Buscar formas menos batidas ou simplesmente dispensá-las, uma vez que, se a sequência do texto estiver correta, esses recursos se tornarão absolutamente desnecessários.

Sugere-se que o aluno desenvolva o seu raciocínio tendo em vista o seguinte roteiro *internalizado* em sua mente:

- abertura do texto da monografia propriamente dita com a conceituação preliminar;
- desenvolvimento do raciocínio, que é a efetivação do plano da monografia;
- conclusões.

Segundo as *Normas para publicações da Unesp*, para *dissertações e teses*, a apresentação e o desenvolvimento do assunto abordado podem ser divididos em capítulos e seções, variando sua estrutura de acordo com a área do conhecimento e a natureza do trabalho. Os trabalhos das áreas de *ciências biológicas e exatas* podem ter as seguintes partes: introdução, revisão da literatura, material e método (metodologia), resultado, discussão e conclusão. Os trabalhos da área de *humanas*, ainda segundo a Unesp, podem ter as seguintes partes: introdução, corpo do trabalho e conclusão. O autor pode compor o corpo do trabalho como quiser, desdobrando-o em itens específicos.

As *Normas para publicações da Unesp* sugerem desenvolver o conteúdo das *dissertações e teses* na forma descrita a seguir.

Na *introdução* deve ser feita a apresentação do problema investigado e seu relacionamento com outros trabalhos, formando os antecedentes que justificam a pesquisa. Deve incluir a formulação de hipóteses, delimitações do assunto e os objetivos propostos.

A *revisão de literatura* deve reunir toda a literatura referente ao tema com o objetivo de:

- oferecer informações relevantes sobre o assunto abordado, identificando soluções e sugestões apresentadas, aspectos ainda não estudados ou resultados que necessitem de continuação ou confirmação;
- oferecer subsídios para melhor compreensão e interpretação dos resultados a serem apresentados no decorrer do trabalho;
- corroborar a necessidade ou a oportunidade do estudo.

A *revisão da literatura* não deve ser uma sequência impessoal de resumos de outros trabalhos; ao contrário, deve incluir a contribuição do autor, demonstrando que os trabalhos foram examinados e criticados objetivamente.

Na *proposição* deve ser feita a apresentação da hipótese e do objetivo do trabalho, em que se esclarecem os limites da investigação e se determinam os níveis dos fatores em estudo, precisando o que foi apresentado na *introdução*.

Na parte sobre *material e método* deve ser feita uma descrição completa da metodologia utilizada, permitindo a compreensão e a interpretação dos resultados. Deve ser apresentada na sequência cronológica em que o trabalho foi desenvolvido.

O *resultado* é a apresentação dos resultados obtidos de forma objetiva, exata, clara e lógica. Pode incorporar o capítulo pertinente à *discussão*.

Na *discussão*, o aluno deve:

- estabelecer relações entre causa e efeito;
- deduzir as generalizações e princípios básicos que tenham comprovação nas observações experimentais;
- fazer comparação dos resultados obtidos com aqueles apresentados na revisão da literatura;
- esclarecer as exceções, modificações e contradições das hipóteses, teorias e princípios diretamente relacionados com o trabalho realizado;
- indicar as aplicações teóricas ou práticas dos resultados obtidos, bem como as suas limitações.

A *conclusão* é a apresentação das respostas à problemática do tema exposto. Deve ser clara e concisa e referir-se às hipóteses levantadas e discutidas no trabalho. O aluno deve manifestar seu ponto de vista sobre os resultados obtidos e seu alcance. Recomenda-se não incluir dados novos neste item.

Como *pós-texto* tem-se a *bibliografia* (ou referências bibliográficas), os *anexos e/ou apêndices*, o *resumo/abstract* (que pode ser complementado por resumo em outro idioma), o *glossário* e a *autorização para reprodução*.

O formato mental/conceitual anterior não deve perder de vista os parâmetros de análise que o(s) principal(is) leitor(es) da monografia (professores orientadores, orientadores acadêmicos, membros de banca examinadora e leitores similares) normalmente adota(m):

- clareza do(s) objetivo(s) proposto(s) pelo trabalho;
- delimitação do problema a ser investigado;
- coerência entre os objetivo(s) e o conteúdo do trabalho (proposta *versus* texto desenvolvido);
- tratamento metodológico;

- fundamentação teórica;
- adequação da linguagem;
- normas da ABNT aplicáveis ao desenvolvimento da monografia.

Sugere-se que a citação dos autores, também denominada *referência bibliográfica*, seja feita entre parênteses, com a designação do sobrenome do autor, seguido da data (ano) da publicação da obra. Ou seja, sugere-se utilizar o sistema alfabético, em que o autor deve ser citado pelo sobrenome, apenas com a primeira letra em caixa alta, seguido da data de publicação (ano) entre parênteses. Quando a obra já foi citada anteriormente, recomenda-se o uso da abreviatura latina *op. cit.*, *opus citatum*, que significa uma obra já citada no corpo da monografia, na mesma página ou na página anterior àquela em que aparece a abreviatura.

As citações são os elementos retirados das obras (livros, revistas, artigos e outras fontes bibliográficas), muito importantes para fundamentar as ideias desenvolvidas pelo autor ao longo de sua monografia. As citações bem escolhidas *ancoram* conceitualmente o trabalho, razão pela qual sua utilização é recomendada. Mas o autor deve ter o cuidado de ***evitar a transcrição literal de uma passagem de outro autor sem fazer a devida citação***. Segundo as *Normas para publicações da Unesp*, no corpo do texto as citações menores que três linhas devem ser feitas entre aspas, de acordo com o seguinte critério:

- se a citação inicia o período, as aspas fecham depois do ponto final: "A monografia é desgastante, demanda muito tempo [...] mas é gratificante.";
- se a citação não inicia período, as aspas fecham antes da pontuação: A monografia "é desgastante, demanda muito tempo [...] mas é gratificante".;
- caso haja referência bibliográfica, o ponto vem depois dela, em qualquer dos casos acima mencionados: "A monografia é desgastante, demanda muito tempo [...] mas é gratificante" (Unesp, 1994).

As referências bibliográficas devem ser apresentadas normatizadas, de acordo com a *NBR 6023* da ABNT, e estar citadas no texto. As chamadas no texto, segundo as *Normas para publicações da Unesp*, são utilizadas para indicar a fonte de onde se retiraram informações ou trechos de publicações consultadas para a realização do trabalho. Todas as citações devem ter a referência bibliográfica correspondente na *bibliografia* constante no final do artigo ou texto.

A referência bibliográfica é uma questão ética tão importante que vale a pena discorrer sobre ela no âmbito da Internet. Deve-se tomar extremo cuidado com a utilização, sem a devida citação bibliográfica, de ideias e conceitos emanados de autores/pesquisadores de centros distantes e disseminados via Internet. Para o autor de monografias, é fácil se apropriar de ideias e informações de outrem, de forma anônima, o que contraria os pressupostos éticos que devem prevalecer na elaboração tanto de trabalhos científicos como daqueles de iniciação científica, bem mais modestos. Ou seja, parafraseando Eco,[8] para a elaboração de um trabalho acadêmico sério, *citar as fontes não é apenas necessário, mas imprescindível*.

Tabelas e quadros, quando utilizados na monografia, devem ter numeração independente e consecutiva. O título deve ser colocado na parte superior ou inferior. A(s) fonte(s), quando a tabela ou quadro não forem de autoria própria, deve(m) aparecer no pé da tabela/quadro. Por *tabela*, conforme orientação de norma da ABNT, entende-se a consolidação de informações tratadas estatisticamente e *quadros* são informações textuais agrupadas em colunas.

Ilustrações, tais como gráficos, diagramas, fluxogramas, modelos conceituais e desenhos afins, explicitam ou complementam visualmente o texto. Qualquer que seja o tipo de ilustração, a palavra "figura" deve constar na parte inferior da ilustração, seguida de número de ordem de ocorrência no texto, em algarismos arábicos, e do respectivo título e/ou legenda explicativa. Deve situar-se o mais próximo possível da sua indicação no texto. A citação no texto deve ficar na mesma página da figura.

As *fórmulas matemáticas*, quando destacadas do parágrafo, devem estar centradas na largura da página e separadas por uma entrelinha maior que a normal. A identificação, quando necessária, deve aparecer à direita, com o número do capítulo ou seção e o número de sua ocorrência no capítulo ou seção em algarismos arábicos separados por ponto e entre parênteses.

Sugere-se a adoção de ilustrações, tabelas e quadros para enriquecer e tornar a monografia de mais fácil leitura e compreensão. No caso de utilização desses recursos, recomenda-se que seja criado um índice de ilustrações, figuras, tabelas e/ou quadros, imediatamente após o índice geral da monografia.

---

[8] Eco, 1977.

Quanto às *notas de rodapé* o aluno pode utilizá-las com a finalidade de:

- indicar a fonte de onde foi tirada uma citação;
- inserir na monografia considerações complementares que podem ser úteis para os leitores que queiram se aprofundar no assunto;
- trazer a versão original de alguma citação traduzida no texto.

As notas de rodapé fazem parte da maioria das obras de autores de metodologia científica e são extremamente válidas. No entanto, para efeito desta obra, visando a estabelecer uma padronização simples, sugere-se que a nota de rodapé seja substituída por explicação inserida dentro do próprio texto, logo após a menção de conceitos (fatos ou dados, inclusive) que exijam considerações adicionais. Já no caso de nota de rodapé para indicar a fonte de onde é tirada uma citação, a sugestão é que se use apenas a *referência bibliográfica* de autor, na forma convencionada e mencionada anteriormente nesta seção.

Recomendação para a edição do trabalho final

A digitação deve ser feita à medida que o trabalho se desenvolve, a partir da primeira reunião com o professor orientador (orientador acadêmico, coordenador de estágio supervisionado ou equivalente) ou a partir do momento em que se define o tema a ser abordado, mesmo que em caráter preliminar e com o risco de alterar o texto digitado. Dessa forma, ganha-se tempo e, psicologicamente, aumenta a motivação do aluno, que sente o trabalho crescer gradativamente.

O aluno deve começar a elaborar concretamente a monografia, de forma padronizada, utilizando papel tamanho A4 (210mm x 297mm), e obedecendo às seguintes margens:

- esquerda: 3cm;
- direita: 2cm;
- superior: 3cm;
- inferior: 2cm.

Os capítulos constituem o corpo principal do trabalho, cada qual devidamente identificado, com uma *introdução* precedendo o primeiro e uma *conclusão* se seguindo ao último. Cada capítulo poderá ser dividido em seções numeradas sequencialmente.

Figuras e tabelas devem ser inseridas próximas ao local do texto em que foram citadas pela primeira vez, de preferência imediatamente após a citação. Seu título deve ser digitado (ou datilografado) de forma centralizada na base da figura, iniciando-se pela abreviatura *fig.* seguida de um espaço, após o qual se escreve seu número sequencial dentro de cada respectivo capítulo.

As páginas devem ser numeradas em algarismos arábicos, de forma sequencial, do capítulo 1 até o último capítulo. As páginas que antecedem o capítulo 1, ou seja, as páginas correspondentes aos elementos preliminares, com exceção da página de rosto que não deve ser numerada e sim contada, devem ser numeradas em algarismos romanos, em minúsculas.

Neste ponto vale a pergunta. *Quantas páginas a monografia deve ter? Qual o tamanho da monografia?* Geralmente a preocupação em produzir uma grande quantidade de páginas e apresentação sofisticada se traduz num conteúdo pobre e inconsistente. A *forma* nunca deve superar o *conteúdo*.

Esboço ou protótipo da monografia

O protótipo da monografia é a sua estrutura, a maneira pela qual o autor deseja apresentar o seu trabalho, a forma de apresentação, o tamanho do documento ou a sua composição.

Como *protótipo*, a monografia deve ter todas as suas partes devidamente compostas, para que seja feito um relatório inicial. Dessa forma, ao se compor a estrutura da monografia, todos os seus elementos devem ser elaborados dentro dos princípios de padronização estabelecidos pela Associação Brasileira de Normas Técnicas (ABNT). Os detalhes normatizadores podem ser acessados através de consultas às *NBRs* e *NBs* (ver "Bibliografia" no final desta obra).

Quando um engenheiro planeja a construção de uma casa, por exemplo, ele elabora plantas para demonstrar a viabilidade de construção, mostrando como ela ficaria depois de pronta através de uma *maquete*. De forma semelhante no planejamento de sua monografia, o aluno deve elaborar o seu projeto de trabalho em primeiro lugar e, depois de devidamente aprovado, compor o *protótipo* de sua monografia, para verificar a viabilidade de elaboração.

Estrutura do protótipo

Para começar a estruturar uma monografia, deve-se ter à mão o seguinte material de apoio:

- pasta de cartolina, no tamanho A4;
- microcomputador com programa *Word* ou processador de texto equivalente;
- impressora.

A digitação da monografia deve ter a forma de pensar do indivíduo, que segue uma sequência lógica, não linear e recursiva. A sugestão é que o aluno comece pelo capítulo com o qual ele esteja mais familiarizado, e não necessariamente com o primeiro. Ou seja, se em determinado momento o aluno estiver com um material a ser inserido na bibliografia, ele pode trabalhar na mesma e depois retornar à sequência anteriormente planejada.

Da mesma forma, quando o aluno estiver cansado mentalmente, é melhor que execute tarefas meramente mecânicas e rotineiras, como a digitação automática de textos/partes previamente rascunhados, reservando o tempo nobre (mentalmente disponível) para o desenvolvimento de ideias e digitação de partes mais complexas, assim como para análise e leitura reflexiva.

Para fins didáticos, pode-se fazer uma analogia com a forma manual de se trabalhar uma monografia, cuja sequência é descrita a seguir.

Na forma manual, o indivíduo furaria várias folhas de papel e as colocaria numa pasta-arquivo. Posteriormente, colocaria o título de cada folha de papel, na seguinte ordem:

Folha 1 — Capa (obrigatório);

Folha 2 — Folha de rosto (obrigatório);

Folha 3 — Folha de aprovação (obrigatório);

Folha 4 — Dedicatória(s) (opcional);

Folha 5 — Agradecimento(s) (opcional);

Folha 6 — Epígrafe (opcional);

Folha 7 — Resumo na língua vernácula (obrigatório);

Folha 8 — Resumo na língua estrangeira (obrigatório);

Folha 9 — Lista de ilustrações (opcional);

Folha 10 — Lista de tabelas (opcional);

Folha 11 — Lista de abreviaturas e siglas (opcional);

Folha 12 — Lista de símbolos (opcional);

Folha 13 — Sumário (obrigatório);
Folha 14 — Introdução (obrigatório);
Folha 15 — Desenvolvimento (*fundamentação teórica, pesquisa de campo, análise e interpretação dos resultados*).
Folha 16 — Conclusão (obrigatório);
Folha 17 — Referências (obrigatório);
Folha 18 — Glossário (opcional);
Folha 16 — Apêndice(s) (opcional)
Folha 16 — Anexo(s) (opcional);
Folha 16 — Índice(s) (opcional);
Folha 17 — Contracapa.

Preenchendo o protótipo

Com todas as folhas arquivadas na pasta-arquivo, com as respectivas definições de suas funções, deve-se então detalhar cada uma delas, o que pode ser feito no computador, a fim de facilitar a elaboração final da monografia.

Tais atividades devem observar as sugestões contidas no capítulo pertinente a cada tipo de monografia. Ou seja, as sugestões explicitadas a seguir complementam e reforçam as explicações descritas anteriormente ao longo desta obra.

A *capa da monografia* é a proteção externa do documento, e ao mesmo tempo um instrumento de visualização, devendo ter boa apresentação, contendo as informações necessárias para a sua identificação, tais como:

❏ instituição de ensino superior, centro, departamento e curso;
❏ título da monografia;
❏ nome do(a) autor(a);
❏ município e estado;
❏ ano de realização.

A *página de rosto* da monografia contém os elementos fundamentais para a identificação do documento, devendo incluir os dados existentes na capa e informações detalhadas do trabalho.

A *ficha catalográfica* é uma peça técnica, de uso opcional, mas se for utilizada deve ser elaborada por pessoa com conhecimento de biblioteconomia.

Na *página de aprovação* deve ser relacionada a banca examinadora (desde que formalmente designada, caso contrário não relacionar os membros componentes), com o título, nome e papel de cada membro da banca, destacando o professor orientador. Nunca esquecer de colocar o título do trabalho e o nome do autor nesta página.

A *epígrafe* pode ser de autoria do próprio autor do trabalho ou uma citação de algum autor relacionada ao tema da monografia.

A *dedicatória* da monografia é uma demonstração de apreço do autor por alguma ou algumas pessoas.

Os *agradecimentos* podem ser explicitados de forma direta ou indireta. Assim, uma forma simples e abrangente de agradecimentos é quando o autor se reporta a *todas as pessoas que de forma direta ou indireta contribuíram para a elaboração da monografia.*

O *sumário* deve resumir, em itens, todos os capítulos/seções do trabalho que compõem a monografia, com os respectivos números de página para permitir a localização rápida de cada um dos elementos relacionados. Complementarmente a este sumário, pode-se relacionar as figuras/quadros/tabelas, designados por números que os identifiquem.

O *resumo* deve mostrar aos leitores o que a monografia aborda, por que foi elaborada e como foi construída.

Na *introdução* o autor deve conduzir o leitor pelo roteiro da monografia, fundamentando o seu estudo e mostrando a sua importância.

A *fundamentação teórica* utilizada para a elaboração da monografia deve destacar de forma reduzida os pontos fundamentais para o estudo, funcionando como pontos a serem ligados através de argumentos do próprio autor do trabalho. Esta revisão da literatura aplicável deve seguir uma ordem lógica, do geral para o particular.

Na *pesquisa de campo*, no caso da monografia do tipo teórico-empírica, deve ser demonstrado como a mesma foi elaborada e quais os resultados alcançados.

A *análise e interpretação dos resultados* enfoca todo o material utilizado para a elaboração da monografia, constituindo uma peça de grande importância por demonstrar que o autor do trabalho foi capaz de aplicar os conhecimentos adquiridos no curso, inclusive no contexto de seu ambiente profissional.

A *conclusão* nada mais é do que uma síntese de conclusões parciais existentes e explicitadas em todo o texto (núcleo da monografia), agora apresentadas de forma consolidada e concatenada.

A *bibliografia* deve observar a orientação prescrita pela Associação Brasileira de Normas Técnicas (ABNT). Porém, de forma simplista, o aluno precisa saber que as obras listadas devem estar em ordem alfabética, destacando-se o sobrenome do autor com letras maiúsculas, seguido das iniciais do restante do nome em sua ordem direta; o nome da obra; a cidade; a editora e o ano em que foi divulgada (exemplos podem ser encontrados na "Bibliografia" desta obra).

Além da bibliografia em ordem alfabética no final da monografia, e a título de melhorar a compreensão e permitir o acesso rápido aos autores citados, tais autores podem ser referenciados em ordem numérica de citação no final de cada capítulo, quando então seria criada uma página distinta (no final do capítulo em que tal situação ocorrer, portanto) com o título de *Referências bibliográficas*.

A sugestão é que o aluno utilize este recurso, exceto no capítulo de *conclusões* (quando então devem ser colocados apenas os pontos conclusivos do próprio aluno) adotando:

❏ *Bibliografia*, em ordem alfabética de todos os autores utilizados na monografia, incluindo não só os referenciados, como também os não citados mas cuja(s) obra(s) foi(ram) lida(s);
❏ *Referências bibliográficas*, com os autores em ordem numérica de citação dentro de cada capítulo.

A *contracapa* da monografia, que analogamente à capa funciona como proteção externa do miolo do texto, pode trazer ou não informações sobre a edição. Todavia, na maioria das vezes, a *contracapa* fica em branco, sem nenhum texto.

O projeto de monografia

Aconselha-se que, antes de começar a escrever a monografia, o aluno faça um projeto, mesmo que de forma simplificada, para delimitar as suas ações e ganhar tempo.

As partes fundamentais de um projeto de monografia são:

❏ título;
❏ objetivo geral e objetivos específicos;

- delimitação do problema;
- fonte de dados;
- metodologia.

O *título* da monografia deve ser selecionado entre uma série de possíveis títulos, anteriormente listados (ver capítulo relativo à *escolha de um assunto ou tema*), considerando os seguintes aspectos:

- conhecimento do assunto;
- delimitação do tema;
- disponibilidade de tempo;
- acesso à bibliografia;
- importância do assunto;
- aproveitamento da monografia.

"A economia brasileira" como título de uma monografia será sempre mais difícil de trabalhar do que "O consumo de cerveja no Brasil", especialmente se o aluno trabalhar numa fábrica desta bebida.

O *objetivo geral* de uma monografia é responder às perguntas: *o que fazer? Onde o aluno quer chegar?* O *objetivo específico* seria o detalhamento do objetivo geral.

Identificar os diversos usos da cerveja no Brasil seria o objetivo geral de uma monografia; saber como, por quê, por quem e para que a cerveja é utilizada seria o objetivo específico.

A *delimitação do tema* a ser estudado objetiva reduzir ao mínimo, sem prejuízo para o estudo, o universo a ser trabalhado. Por exemplo: o consumo de um determinado tipo de cerveja nas capitais dos estados brasileiros no ano de 1997 (ou formas equivalentes).

O tempo é uma variável de grande importância na elaboração de uma monografia. Quando o(a) aluno(a) possui referências bibliográficas de fácil acesso, conhece a metodologia a ser aplicada e tem condições financeiras para custear o trabalho pode cumprir mais facilmente o prazo final para entrega do trabalho.

O *acesso à bibliografia*, em termos tanto de pesquisa quanto de possibilidade de aquisição, também é de grande importância, pois não vale a pena *reinventar a roda*, se já existem estudos realizados sobre determinado tema, com o que o aluno poderá ganhar muito tempo. Conforme já citado anteriormente, tal acesso pode-se dar junto a fontes bibliográficas convencionais ou à Internet.

O assunto escolhido para estudo deve ser importante para a comprovação de conhecimento, assim como para a vida futura do aluno. Se o assunto for de pequena importância, haverá uma natural desmotivação para a realização do trabalho em tempo hábil.

O aproveitamento do trabalho é questão fundamental que deve ser respondida ainda na elaboração do projeto da monografia. Afinal de contas, por que se deve gastar tempo e energia na realização de um estudo que não servirá para a promoção pessoal de quem o fez? O aproveitamento do trabalho na prática do aluno gera uma grande motivação para o estudo e a conclusão da monografia o mais breve possível.

Onde pesquisar o que se deseja é uma questão muito importante, pois sem bibliografia é quase impossível fazer uma monografia. Também é de fundamental importância a *metodologia* a ser aplicada, haja vista que, sem uma definição clara sobre como vai ser feito o trabalho, possivelmente não haverá consistência técnica.

A pesquisa que orienta a monografia do tipo análise teórico-empírica (ver capítulo 4) deve ser estabelecida antecipadamente. A pesquisa pode ser:

- de campo;
- experimental.

Pesquisa de campo é aquela em que a fonte de dados é desconhecida e será levantada através de busca diretamente no universo de estudo. *Pesquisa experimental* é aquela em que o aluno utiliza experiências comparadas, normalmente entre dois grupos de estudos.

Para a realização da pesquisa de campo, assim como para a experimental, utiliza-se a pesquisa bibliográfica como fundamentação conceitual e teórica. Esta última, por sua vez, utiliza apenas as referências bibliográficas existentes como *fonte de dados*. É o tipo de trabalho de pesquisa abordado nesta obra no capítulo 4. Ou seja, a atividade de pesquisa bibliográfica se faz presente nos três tipos de monografia tratados.

Para se fazer uma pesquisa bibliográfica, deve-se escolher os documentos a serem estudados, sempre do aspecto geral para o particular, como, por exemplo: país, região, estado, município, bairro, rua, edifício e apartamento.

Feito o levantamento da bibliografia selecionada, deve-se escolher os capítulos, períodos ou frases significativos para o estudo, retirá-los e colocá-lo no texto da monografia. Entre um texto e outro deve-se fazer a respectiva integração — *ponte* — ligando os assuntos.

No caso da pesquisa de campo pode-se usar um ou mais dos seguintes instrumentos:

❏ questionário;
❏ entrevista;
❏ observação.

O *questionário* pode ser fechado, aberto ou misto. Na sua elaboração, deve-se levar em conta os objetivos fixados e, eventualmente, as hipóteses formuladas.

O *questionário fechado* é aquele em que as perguntas formuladas são objetivas e diretas, com alternativas definidas para o entrevistado.

O *questionário aberto* é aquele em que as perguntas, apesar de objetivas, dão ao entrevistado a opção de respostas livres.

Finalmente, o *questionário misto* é aquele em que as perguntas são fechadas com alternativas de respostas livres por parte do entrevistado.

A **entrevista** é outro instrumento de pesquisa utilizado como complementação, principalmente de análises de documentação já trabalhadas.

A entrevista não é apenas a formulação de perguntas soltas de algum tipo de roteiro, conforme as contingências das situações ou do entrevistado, ela deve ser planejada antecipadamente, através de um roteiro preestabelecido, conforme o objeto da pesquisa.

As respostas de uma entrevista devem ser anotadas utilizando-se meios adequados, ou gravadas, o que em muitas vezes inibe o entrevistado (mas é mais seguro).

A **observação** é um instrumento de pesquisa que fornece uma visão geral do tema em estudo ou do cenário estudado, servindo de complemento aos diversos outros tipos de levantamento de dados.

Anotações daquilo que foi observado ou o registro através de gravação do que foi observado são de grande apoio para o melhor aproveitamento desta técnica.

Quanto à *forma redacional* é recomendável o uso da terceira pessoa do singular e da voz passiva na elaboração da monografia, que deve ser o mais possível despersonalizada.

O tempo de verbo deve ser regido no passado, admitindo-se, igualmente, o presente, quando apropriado. Deve-se observar a extensão dos parágrafos. Embora as ideias devam fluir livremente, se a matéria for longa demais deve merecer reorganização para que se possam estruturar parágrafos cuja extensão facilite a leitura.

Apresentação final da monografia

A apresentação final da monografia deve seguir a forma regulamentada pela instituição de ensino à qual pertença o aluno. Entretanto, no caso de falta de tal padrão, sugere-se que o trabalho seja apresentado em disquete com, no mínimo, três cópias impressas do texto:

- uma, com capa dura para a biblioteca da instituição de ensino, devendo o dorso conter o título do trabalho resumido e o ano da elaboração;
- uma para a secretaria acadêmica do curso;
- uma para o professor orientador (ou orientador acadêmico).

A instituição de ensino, se for o caso, pode exigir mais cópias impressas para fins de apresentação junto aos professores componentes de banca examinadora.

Recomenda-se que a monografia seja digitada em *Word for Windows*, não excedendo a 100 páginas, incluindo notas e referências bibliográficas. A mensagem é que o trabalho tenha mais qualidade que quantidade.

Capítulo 10

Considerações finais

Embora esta obra seja voltada, primordialmente, para a elaboração de monografias, as recomendações nela contidas se prestam perfeitamente à preparação de livros e outros tipos de trabalhos, como artigos técnicos, ensaios, notas, informes e relatórios empresariais.

Ou seja, como não há um padrão consagrado e convencionado pela literatura atual, com exceção do referencial metodológico da *ABNT-NBR 10719*, para o desenvolvimento e apresentação de *relatórios técnico-científicos*, pode-se adotar a proposta metodológica apresentada nesta obra para o desenvolvimento de diversos tipos de trabalhos, sejam do tipo monográfico ou não.

De forma complementar, existem as *Normas para publicações da Unesp*, conforme relacionado na "Bibliografia", que abordam: a) artigos de publicações periódicas; b) referências bibliográficas; c) preparação e revisão de textos; d) dissertações e teses.

O conteúdo apresentado nesta obra pode ser útil ainda para a preparação de monografia do tipo *resenha bibliográfica* ou de *monografia prática voltada para um inventário bibliográfico* (por exemplo, uma monografia que apresente um levantamento de todas as monografias elaboradas no campo de gestão empresarial na Fundação Getulio Vargas nos últimos 10 anos).

Outra forma possível de monografia é aquela que combina a filosofia de *monografia de análise teórica* com a *monografia de estudo de caso* (quase se confunde com o teor desta última). Ou seja, pode-se desenvolver uma monografia conceitual inteiramente do tipo de análise teórica, com pesquisa bibliográfica, mas com a inserção de um exemplo de aplicação (estudo de caso), em uma determinada organização, dos conceitos explicitados na monografia. De forma análoga, pode-se desenvolver uma *monografia de análise teórica* cujo tema seja a proposta de uma nova metodologia, portanto um trabalho inteiramente teórico, com a inclusão de um exemplo de aplicação da proposta metodológica na forma de *case*.

Essas situações, conforme explicitado anteriormente, resultam, portanto, em outras monografias, geradas pela combinação, variação ou adaptação dos três tipos básicos de monografias.

No caso das monografias enquadradas no tipo de análise teórico-empírica, conforme explicitado no capítulo 4, foram enfocadas apenas aquelas envolvendo uma simples análise interpretativa de dados primários em torno de um tema, com apoio bibliográfico. Além desta categoria de monografia, existem outras que se aproximam mais dos trabalhos científicos do que daqueles meramente de iniciação científica. Estas *variações de monografia de análise teórico-empírica* podem ser enquadradas como:

❑ monografia que envolve teste de hipóteses, modelos ou teorias a partir de dados primários e secundários;

❑ análise específica da relação/correlação entre um caso real e hipóteses, modelos e teorias;

❑ desenvolvimento de uma tese realmente inovadora, a partir de dados primários e/ou secundários.

As orientações para o desenvolvimento de trabalhos de iniciação científica contidas neste livro se prestam ainda para a elaboração de monografias de cursos MBA — Empresarial/Profissional, uma vez que estão dentro das orientações legais. Segundo a Portaria nº 47/95 e Resolução nº 01/95 da *Capes (Fundação Coordenação de Aperfeiçoamento do Pessoal de Nível Superior)*, que estabelecem procedimentos para monitorar e avaliar cursos dirigidos à formação profissional, é exigido do aluno um trabalho final — *monografia* — que demonstre domínio do objeto de estudo e capacidade de expressar-se lucidamente sobre ele. Segundo tais instrumentos legais e de acordo com a natureza da área e com a proposta do curso, esse trabalho poderá tomar a forma de dissertação, projeto e análise de casos, entre outras.

Dessa forma, a Capes, que é o órgão controlador de programas de pós-graduação *stricto sensu* (mestrado e doutorado), procura também assegurar níveis de qualidade em cursos de pós-graduação do tipo *MBA (Master of Business Administration)*. Este tipo de curso incorpora grandes transformações em relação aos paradigmas tradicionais de especialização que o tornam significativamente diferente do mestrado disciplinar ou acadêmico (*stricto sensu*).

Especificamente, no caso dos cursos de pós-graduação *lato sensu*, o *Diário Oficial* da União de 9 de abril de 2001, seção 1, p. 12, publicou a Resolução CNE/CES nº 1, de 3 de abril de 2001, que no seu art. 6º e §1º define este tipo de curso e no seu art. 10 estabelece a obrigatoriedade para elaboração de monografia ou trabalho de conclusão de curso.

CONSIDERAÇÕES FINAIS 129

"Art. 6º Os cursos de pós-graduação *lato sensu* oferecidos por instituições de ensino superior ou por instituições especialmente credenciadas para atuarem nesse nível educacional independem de autorização, reconhecimento e renovação de reconhecimento e devem atender ao disposto nesta Resolução."

"§ 1º Incluem-se na categoria de curso de pós-graduação *lato sensu* os cursos designados como *MBA (Master Business Administration)* ou equivalentes."

"Art. 10 Os cursos de pós-graduação *lato sensu* têm duração mínima de 360 (trezentos e sessenta) horas, nestas não computado o tempo de estudo individual ou em grupo, sem assistência docente, e o reservado, obrigatoriamente, para elaboração de monografia ou trabalho de conclusão de curso."

Este livro, embora esteja inteiramente voltado para a orientação de trabalhos de iniciação científica, pode ser utilizado, em determinadas partes de seu conteúdo, para a elaboração de *tese de doutorado* e *dissertação de mestrado*.

A sugestão de uso parcial desta obra para estes tipos de trabalhos de caráter científico se prende ao fato de que sua *forma* (estrutura ou arcabouço do trabalho) é equivalente àquela adotada pelas monografias e trabalhos de iniciação científica em geral. Ou seja, o que muda entre os *trabalhos senso estrito* e aqueles de *iniciação científica* é simplesmente o seu *conteúdo* (a essência dos trabalhos de iniciação científica é mais simples e não há preocupação em criar nada inovador nem tampouco avançar o atual estado da arte na área enfocada pela monografia). Outras características dignas de destaque são:

- a tese de doutorado aborda um único tema, exigindo pesquisa própria da área científica, e deve realmente colocar e solucionar um problema, demonstrando hipóteses formuladas com fundamentação na evidência dos fatos e na coerência do raciocínio lógico;
- a dissertação de mestrado trata da formalização dos resultados de uma pesquisa e de uma reflexão, versando sobre um tema único e delimitado sem, necessariamente, trazer inovação e contribuição original que avance o estado da arte da área sob estudo.

Conforme as *Normas para publicações da Unesp*, **tese** é o documento que representa o resultado de um trabalho experimental de tema específico e bem delimitado. Deve ser elaborada com base em investigação original, constituindo real contribuição para a especialidade em questão. Visa à obtenção do título de doutor ou livre-docente.

Dissertação é o documento que representa o resultado de um trabalho ou exposição de um estudo científico recapitulativo, de tema único e bem delimitado em sua extensão, com o objetivo de reunir, analisar e interpretar informações. Deve evidenciar o conhecimento de literatura existente sobre o assunto e a capacidade de sistematização do aluno. É feita sob a orientação de um professor orientador, visando à obtenção do título de mestre.

Na elaboração de monografias, ou de qualquer tipo de relatório técnico-científico, deve-se atentar para o fato de que o trabalho deve se caracterizar pela durabilidade, com um *ciclo de vida o mais longo possível*. Ou seja, na definição inicial tanto do assunto/tema quanto das ideias, conceitos e dados inseridos no trabalho, deve-se preocupar com seu desenvolvimento criterioso e consistente para resistir por longo período de tempo.

Normalmente existe uma preocupação excessiva em produzir uma grande quantidade de páginas, bem como uma apresentação sofisticada de uma monografia. Tal preocupação, entretanto, pode redundar e se traduzir em um conteúdo pobre e inconsistente. Pode-se considerar de pouca importância responder às perguntas:

❑ *Quantas páginas a monografia deve conter?*
❑ *Qual o tamanho da monografia?*

O mais importante é que fique memorizada a mensagem: **nunca a forma deve superar o conteúdo**. Ou seja, ao invés de o aluno incorrer em uma excessiva preocupação com a forma da monografia, ele deve se preocupar com a essência do trabalho.

Uma maneira prática de se concentrar no conteúdo, ou essência do trabalho monográfico, é pesquisar e selecionar artigos em revistas especializadas que versem sobre o assunto/tema a ser tratado.

Estes tipos de trabalhos são publicados de forma resumida e extremamente objetiva, razão pela qual podem servir de referência para calibrar o desenvolvimento do texto da monografia da forma mais enxuta possível. Na área de administração, por exemplo, existem revistas como a *RAE — Revista de Administração de Empresas,* da FGV, e a *Rausp — Revista de Administração da USP*. Na área de economia existem a *Conjuntura Econômica* e a *Revista Brasileira de Economia,* da FGV, e assim por diante.

CONSIDERAÇÕES FINAIS 131

Os artigos correlatos ao tema a ser tratado ajudam a delinear o escopo do texto monográfico, além de fornecer subsídios na forma de bibliografia, conceitos e exemplos.

No desenvolvimento de uma monografia podem ocorrer sinergia e um ganho significativo, na medida em que o aluno consulte seus colegas que estejam desenvolvendo este tipo de trabalho.

Pode-se alavancar sua própria monografia com a troca de ideias e experiências em assuntos correlatos, como na permuta de opiniões quanto à linha de pesquisa/trabalho que se está adotando, mesmo que o assunto da monografia em si seja extremamente diferente. Esta permuta de opiniões e de experiências pode-se dar de uma forma mais ampla na medida em que o aluno utilize os recursos de correio eletrônico — *e-mail* —, das listas de distribuição, dos grupos de discussão e meios afins disponibilizados na Internet.

Dado o crescimento exponencial no uso genérico da Internet, pode-se estimar uma tendência de uso crescente da rede mundial para a troca de informações relacionadas a pesquisa e desenvolvimento de trabalhos técnico-científicos, inclusive de monografias.

Dessa maneira, os *aspectos éticos* são acentuados por este momento da era digital. Ou seja, deve haver uma preocupação maior por parte do aluno com relação à citação bibliográfica dos autores de ideias e conceitos utilizados nesses tipos de trabalhos.

Exemplos de referências

A NBR 6023:2002 (NB 66), válida a partir de 29-9-2002, apresenta vários exemplos de referências bibliográfias, tanto com todos os elementos essenciais quanto com todos os elementos complementares. Assim, seguindo a linha de simplificação sem perda de conteúdo, são transcritos, a seguir, cada um dos diversos modelos, apenas com todos os elementos essenciais, para facilitar ao leitor as respectivas citações, em suas monografias, trabalhos de conclusão de curso e/ou demais documentos elaborados. Observe-se, entretanto, que para uma melhor precisão nas citações, o leitor deverá acessar a respectiva norma da Associação Brasileira de Normas Técnicas, se possível, adquirindo-a para suas próprias consultas futuras.

1) Monografia no todo: os elementos essenciais são autor(es), título, edição, local, editora e data de publicação.

Exemplo:

GOMES, L. G. F. **Novela e sociedade no Brasil**. Niterói: EdUFF, 1998.

2) Monografia no todo em meio eletrônico: as referências devem obedecer aos padrões indicados para documentos monográficos no todo, acrescidas das informações relativas à descrição física do meio eletrônico. Quando se tratar de obras consultadas *online*, também são essenciais as informações sobre o endereço eletrônico, apresentado entre os sinais < >, precedido da expressão "Disponível em:" e a data de acesso ao documento, precedida da expressão "Acesso em:", opcionalmente acrescida dos dados referentes a hora, minutos e segundos.

Exemplos:

KOOGAN, André.; HOUAISS, Antônio (Ed). **Enciclopédia e dicionário digital 98**. Direção geral de André Koogan Breikman. São Paulo: Delta: Estadão, 1998. 5 CD-ROM.

ALVES, Castro. Navio negreiro. [S:I]: Virtual Books, 2000. Disponível em: <http://www.terra.com.br/virtualbooks/freebooks/port/Lport2/navionegreiro.htm>. Acesso em: 10 jan. 2002. 16:30:30.

3) Parte de monografia: os elementos essenciais são autor(es), título da parte, seguidos da expressão "In:" e da referência completa da monografia no todo. No final da referência deve-se informar a paginação ou outra forma de individualizar a parte referenciada.

Exemplo:

ROMANO, Giovanni. Imagens da juventude na era moderna. In: LEVI, G.; SCHMIDT, J. (Org.). **História dos jovens 2**. São Paulo: Companhia das Letras, 1996, p. 7-16.

4) Parte de monografia em meio eletrônico: as referências devem obedecer aos padrões indicados para parte de monografias, e ser acrescidas das informações relativas à descrição física do meio eletrônico.

Exemplo:

MORFOLOGIA dos artrópodes. In: **ENCICLOPÉDIA multimídia dos seres vivos.** [S.I]: Planeta DeAgostini, c1998. CD-ROM 9.

5) Publicação periódica: os elementos essenciais são título, local de publicação, editora e datas de início e de encerramento da publicação, se houverem.

Exemplo:

REVISTA BRASILEIRA DE GEOGRAFIA. Rio de Janeiro: IBGE, 1939-

6) Partes de revista, boletim etc.: os elementos essenciais são título da publicação, local de publicação, editora, numeração do ano e/ou volume, numeração do fascículo, informações de periódicos e data de sua publicação.

Exemplo:

DINHEIRO. São Paulo, Ed. Três, n. 148, 28 jun. 2000.

7) Artigo e/ou matéria de revista, boletim etc.: os elementos essenciais são título da parte, artigo ou matéria, título da publicação, local de publicação, numeração correspondente ao volume e/ou ano, fascículo ou número, paginação inicial e final, quando se tratar de artigo ou matéria, data ou intervalo de publicação e particularidade que identifique a parte (se houver).

Exemplo:

As 500 maiores empresas do Brasil. **Conjuntura Econômica,** Rio de Janeiro, v. 38. n. 9, set. 1984. Edição especial.

8) Artigo e/ou matéria de revista, boletim etc. em meio eletrônico: as referências devem obedecer aos padrões indicados para artigo e/ou matéria de revista, boletim etc., e ser acrescidas das informações relativas à descrição física do meio eletrônico (disquetes, CD-ROM, *online* etc).

Exemplos:

VIEIRA, Cássio Leite; LOPES, Marcelo. A queda do cometa. **Neo Interativa,** Rio de Janeiro, n. 2, inverno 1994. 1 CD-ROM.

SILVA, M. M. L. Crimes da era digital. **Net,** Rio de Janeiro, nov. 1998. Seção Ponto de Vista. Disponível em: <http://www.brazilnet.com.br/contexts/brasilrevistas.htm>. Acesso em: 28 nov. 1998.

9) Artigo e/ou matéria de jornal: os elementos essenciais são autor(es), se houver, título, título do jornal, local de publicação, data de publicação, seção, caderno ou parte do jornal e a paginação correspondente. Quando não houver seção, caderno ou parte, a paginação do artigo ou matéria precede a data.

Exemplo:

LEA, L. N. MP fiscaliza com autonomia total. **Jornal do Brasil**, Rio de Janeiro, p. 3, 25 abr. 1999.

10) Artigo e/ou matéria de jornal em meio eletrônico: as referências devem obedecer aos padrões indicados para artigo e/ou matéria de jornal, e ser acrescidas das informações relativas à descrição física do meio eletrônico (disquetes, CD-ROM, *online* etc.).

Exemplo:

ARRANJO tributário. **Diário do Nordeste Online,** Fortaleza, 27 nov. 1998. Disponível em: <http://www.diariodonordeste.com.br>. Acesso em: 28 nov. 1998.

11) Evento como um todo: os elementos essenciais são nome do evento, numeração (se houver), ano e local (cidade) de realização. Em seguida, deve-se mencionar o título do documento (anais, atas, tópico temático etc.), seguido dos dados de local de publicação, editora e data da publicação.

Exemplo:

IUFOST INTERNATIONAL SYMPOSIUM ON CHEMICAL CHANGES DURING FOOD PROCESSING, 1984, Valencia. **Proceedings...** Valencia: Instituto de Agroquímica y Tecnología de Alimentos, 1984.

12) Evento como um todo em meio eletrônico: as referências devem obedecer aos padrões indicados para evento como um todo, e ser acrescidas das informações relativas à descrição física do meio eletrônico (disquetes, CD-ROM, *online* etc.)

Exemplo:

CONGRESSO DE INICIAÇÃO CIENTÍFICA DA UFPe, 4., 1996. Recife. **Anais eletrônicos...** Recife: UFPe, 1996. Disponível em: <http://www.propesq.ufpe.br/anais/anais.htm >. Acesso em: 21 jan. 1997.

13) Trabalho apresentado em evento: os elementos essenciais são autor(es), título do trabalho apresentado, seguidos da expressão "In:", nome do evento, numeração do evento (se houver), ano e local (cidade) da realização, título do documento (anais, atas, tópico temático etc.), local, editora, data de publicação e página inicial e final da parte referenciada.

Exemplo:

BRAYNER, A. R. A.; MEDEIROS, C. B. Incorporação do tempo em SGBD orientado a objetos. In: SIMPÓSIO BRASILEIRO DE BANCO DE DADOS, 9., 1994, São Paulo. **Anais...** São Paulo: USP, 1994. p. 16-29.

14) Trabalho apresentado em evento em meio eletrônico: as referências devem obedecer aos padrões indicados para trabalhos apresentados em evento, e ser acrescidas das informações relativas à descrição física do meio eletrônico (disquetes, CD-ROM, *online* etc.).

Exemplo:

GUNCHO, M. R. A educação à distância e a biblioteca universitária. In: SEMINÁRIO DE BIBLIOTECAS UNIVERSITÁRIAS, 10., 1998, Fortaleza. **Anais...** Fortaleza: Tec Treina, 1998. 1 CD-ROM.

15) Patente: os elementos essenciais são entidade responsável e/ou autor, título, número da patente e datas (do período de registro).

Exemplo:

EMBRAPA. Unidade de Apoio, Pesquisa e Desenvolvimento de Instrumentação Agropecuária (São Carlos, SP). Paulo Estevão Cruvinel. *Medidor digital multissensor de temperatura para solos.* BR n. PI 8903105-9, 26 jun. 1989, 30 mai. 1995.

16) Documento jurídico: os elementos essenciais são jurisdição (ou cabeçalho da entidade, no caso de se tratar de normas), título, numeração, data e dados da publicação. No caso de Constituições e suas emendas, entre o nome da jurisdição e o título, acrescenta-se a palavra "Constituição", seguida do ano de promulgação, entre parênteses.

Exemplo:

SÃO PAULO (Estado). Decreto nº 42.822, de 20 de janeiro de 1998. **Lex:** coletânea de legislação e jurisprudência, São Paulo, v. 62, n. 3, p. 217-220, 1998.

17) Jurisprudência (decisões judiciais): os elementos essenciais são jurisdição e órgão judiciário competente, título (natureza da decisão ou ementa) e número, partes envolvidas (se houver), relator, local, data e dados da publicação.

Exemplo:

BRASIL. Supremo Tribunal Federal. Súmula nº 14. In: _____. **Súmulas**. São Paulo: Associação dos Advogados do Brasil, 1994. p. 16.

18) Doutrina.

Exemplo:

BARROS, Raimundo Gomes de. Ministério Público: sua legitimação frente ao Código do Consumidor. **Revista Trimestral de Jurisprudência dos Estados,** São Paulo, v. 19, n.139, p. 53-72, ago. 1995.

19) Documento jurídico em meio eletrônico: as referências devem obedecer aos padrões indicados para documento jurídico, e ser acrescidas das informações relativas à descrição física do meio eletrônico (disquetes, CD-ROM, *online* etc.).

Exemplo:

BRASIL. Supremo Tribunal Federal. **Súmula nº 14.** Não é admissível, por ato administrativo, restringir, em razão de idade, inscrição em concurso para cargo público. Disponível em: <http://www.truenetm.com.br/jurisnet/sumusSTF.htm>. Acesso em 29 nov. 1998.

20) Imagem em movimento: os elementos essenciais são: título, diretor, produtor, local, produtora, data e especificação do suporte em unidades físicas.

Exemplo:

OS PERIGOS do uso de tóxicos. Produção de Jorge Ramos de Andrade. São Paulo: CERAVI, 1983. 1 videocassete.

21) Documento iconográfico: os elementos essenciais são: autor, título (quando não existir deve-se atribuir uma denominação ou a indicação Sem título, entre colchetes), data e especificação do suporte.

Exemplo:

KOBAYASHI, K. **Doenças dos xavantes.** 1980. 1 fotografia.

22) Documento iconográfico em meio eletrônico: as referências devem obedecer aos padrões indicados para documento icnográfico, e ser acrescidas das informações relativas à descrição física do meio eletrônico (disquetes, CD-ROM, *online* etc.).

Exemplo:

GEDDES, Anne. **Geddes135.jpg.** 2000. Altura: 432 pixels. Largura: 376 pixels. 51 kB. Formato JPEG. 1 disquete 5 $^1/_4$ pol.

23) Documento cartográfico: autor(es), título, local, editora, data de publicação, designação específica. Escala.

Exemplo:

ATLAS Mirador Internacional. Rio de Janeiro: Enciclopédia Britânica do Brasil., 1981. 1 atlas. Escalas variam.

24) Documento cartográfico em meio eletrônico: as referências devem obedecer aos padrões indicados para material cartográfico, e ser acrescidas das informações relativas à descrição física do meio eletrônico (disquetes, CD-ROM, *online* etc.

Exemplo:

ESTADOS UNIDOS. National Oceanic and Atmospheric Administration. **1999071318.GIF.** Itajaí: UNIVALI, 1999. 1 imagem de satélite 557 kB. GOES-08: SE. 13 jul. 1999, 17:45Z, IR04. 1 disquete, 3 $^1/_2$ pol.

25) Documento sonoro no todo: os elementos essenciais são compositor(es) ou intérprete(s), título, local, gravadora (ou equivalente), data e especificação do suporte.

Exemplo:

ALCIONE. **Ouro e cobre.** São Paulo: RCA Victor, 91998. 1 disco sonoro.

26) Documento sonoro em parte: os elementos essenciais são compositor(es), intérprete(s) da parte (ou faixa de gravação), título, seguidos da expressão "In:" e da referência do documento sonoro no todo.

Exemplo:

COSTA, S.; SILVA, A. Jura secreta. Intérprete: Simone. In: SIMONE. **Face a face.** [S.l.]: Emi-Odeon Brasil, 1977. 1 CD. Faixa 7.

27) Partitura: os elementos essenciais são autor(es), título, local, editora, data, designação específica e instrumento a que se destina.

Exemplo:

BARTÓK, Béla. **O mandarim maravilhoso.** Wien: Universal, 1952. 1 partitura. Orquestra.

27) Partitura em meio eletrônico: as referências devem obedecer aos padrões indicados para partitutra, e ser acrescidas das informações relativas à descrição física do meio eletrônico (disquetes, CD-ROM, *online* etc.).

Exemplo:

OLIVA, Marcos; MOCOTÓ, Tiago. **Fervilar:** frevo. [19--?].1 partitura. Piano. Disponível em: <http://openlink.br.inter.net/picolino/partitur.htm>. Acesso em: 5 jan. 2002.

28) Documento tridimensional: Os elementos essenciais são: autor(es), quando for possível identificar o criador artístico do objeto, título (quando não existir, deve-se atribuir uma denominação ou a indicação Sem título, entre colchetes), data e especificação do objeto.

Exemplo:

DUCHAMP, Marcel. **Escultura para viajar.** 1918. 1 escultura variável.

29) Documento de acesso exclusivo em meio eletrônico: os elementos essenciais são autor(es), título do serviço ou produto, versão (se houver), e descrição física do meio eletrônico.

Exemplo:

MICROSOFT Project for Windows 95. Version 4.1 [S.I]: Microsoft Corporation, 1995. 1 CD-ROM.

Bibliografia

ASSOCIAÇÃO BRASILEIRA DE NORMAS TÉCNICAS. **NBR 6021:1994 (NB 62)**. Apresentação de periódicos. Rio de Janeiro, 1994.

——. **NBR 6023:2002 (NB 66)**. Informação e documentação — Referências — Elaboração. Rio de Janeiro, 2002.

——. **NBR 6024:1987 (NB 69)**. Numeração progressiva das seções de um documento. Rio de Janeiro, 1987.

——. **NBR 6027:1987 (NB 85)**. Sumário. Rio de Janeiro, 1987.

——. **NBR 6028:1987 (NB 88)**. Resumos. Rio de Janeiro, 1987.

——. **NBR 6029:2002 (NB 217)**. Informação e documentação — Livros e folhetos — Apresentação. Rio de Janeiro, 2002.

——. **NBR 10520:2002 (NB 896)**. Informação e documentação — Citações em documentos — Apresentação. Rio de Janeiro, 2002.

——. **NBR 10719:1989 (NB 887)**. Apresentação de relatórios técnico-científicos. Rio de Janeiro, 1989

——. **NBR 14724:2002**. Informação e documentação — Trabalhos acadêmicos — Apresentação. Rio de Janeiro, 2002.

COORDENADORIA PARA APERFEIÇOAMENTO DE PESQUISAS. **Portaria 47/95**. Brasília, 1995.

——. **Resolução 1/95**. Brasília, 1995.

CRUMLISH, C. **Internet para pessoas ocupadas**. São Paulo: Makron Books, 1997.

ECO, H. **Como se faz uma tese**. 14. ed. São Paulo: Perspectiva, 1977.

HAHN, H.; STOUT, R. **Dominando a Internet.** São Paulo: Makron Books, 1995.

KUHN, THOMAS S. **The structure of scientific revolutions.** Chicago: University of Chicago Press, 1962.

MARTINS, G. A. **Manual para elaboração de monografias e dissertações.** 2. ed. São Paulo: Atlas, 1994.

MARTINS FILHO, E. L. **Manual de redação e estilo de O Estado de S. Paulo.** 3. ed. rev. ampl. São Paulo: Moderna, 1997.

SEVERINO, A. J. **Metodologia do trabalho científico.** 20. ed. rev. ampl. São Paulo: Cortez, 1996.

TACHIZAWA, T. **Um enfoque sistêmico ao uso da informação no apoio às decisões.** Dissertação (Mestrado) — FEA/USP, São Paulo, 1989.

——————. **Referencial teórico à formulação de um modelo de informações.** Dissertação (Mestrado) — FEA/USP, São Paulo, 1991.

——————. **Determinação de indicadores de qualidade para avaliação do processo de gestão.** Tese (Doutorado) — EAESP/FGV, São Paulo, 1993.

——————; SCAICO, O. **Organização flexível — qualidade na gestão por processos.** São Paulo: Atlas, 1997.

UNIVERSIDADE ESTADUAL PAULISTA. **Normas para publicações da Unesp.** São Paulo, Unesp, 1994. 4v., v. 1: (Artigos de publicações periódicas).

——————. ——————. ——————. v. 2: (Referências bibliográficas).

——————. ——————. ——————. v. 3: (Preparação e revisão de textos).

——————. ——————. ——————. v. 4, Parte 1: (Dissertações e teses).

APÊNDICE 1

Termos básicos em trabalhos de iniciação científica, metodologia da pesquisa e Internet/Web

Abstract. Resumo.

Amostra. Subconjunto de elementos de uma população. Ou, de forma simplista, o mesmo que um subconjunto de uma população, cujo processo de escolha é caracterizado pelo uso de julgamento no sentido de que a amostra selecionada seja representativa, pela inclusão de áreas ou de grupos típicos da população/universo sob estudo.

Apêndice, anexo. Matéria suplementar que se junta ao texto de uma publicação como esclarecimento ou documentação, embora não constitua parte essencial da obra.

Apud (ap.). Citado por, conforme, segundo.

Bookmark. Também chamado entrada de *hotlist* ou local favorito, um *link* salvo para um endereço *Web*.

Browser. Um programa usado para fazer a conexão com *sites Web*.

Cliente-servidor. Modelo ou método de compartilhar recursos de computador e rede centralizando algumas funções com um *servidor* e permitindo que *clientes* individuais (usuários) se conectem ao servidor para executar essas funções.

Constructo. Conceito deliberada e conscientemente inventado, ou adotado, para uma finalidade científica específica.

Empírico. Relativo à observação de uma realidade externa ao indivíduo. Neste sentido, todo conhecimento adquirido pelo método científico é, por natureza, empírico, embora nem todo conhecimento empírico possa ser considerado científico.

Epígrafe. Citação colocada no início de uma obra, após a folha de rosto.

Estágio. Complemento do processo de ensino e aprendizagem acadêmica, através do planejamento, execução e avaliação das atividades relacionadas com pesquisa e trabalhos práticos de forma a se constituir em um instrumento de integração em termos de treinamento prático, de aperfeiçoamento técnico e de aplicação dos conhecimentos ministrados nas disciplinas que compõem o curso frequentado pelo aluno. É regulamentado pela Lei Federal nº 6.494 de 7-12-1977, Decreto nº 87.497 de 18-8-1982, além de resolução do Conselho Federal de Educação que regulamenta o *estágio* como disciplina dos diferentes cursos de graduação.

Ficha catalográfica. Informações bibliográficas (catalogação na fonte) que devem aparecer na falsa folha de rosto, ou, na falta desta, no verso da folha de rosto.

Fidedignidade. Grau de exatidão ou precisão dos resultados fornecidos por um instrumento de medida, independentemente da variável que está sendo medida.

Glossário. Vocabulário em que se explicam palavras obscuras ou referentes a determinada especialidade técnica, científica e afim, geralmente anexado a um livro.

Hiper. Não linear, capaz de se bifurcar em muitas direções. Pode ser usado isoladamente ou como prefixo.

Hipótese. Proposição provisória que fornece respostas condicionais a um problema de pesquisa, explica fenômenos e/ou antecipa relações entre variáveis, direcionando a investigação.

Home page. Um documento principal ou central em um *site Web*.

HTML. *Hypertext Markup Language* ou linguagem de marcação de *hipertexto*. É a linguagem que consiste principalmente em *tags*, usada para formatar um documento para a *World Wide Web*. Inclui tanto a formatação estrutural quanto os *hiperlinks*.

HTTP. *Hypertext Transport Protocol*, ou protocolo de transporte de hipertexto, é a técnica usada pelos servidores *Web* para passar informações para os *browsers Web*.

Ibid. (ibidem). Na mesma obra.

Id. (idem). Do mesmo autor.

Image map. Ou mapa de imagens. Uma imagem que faz conexão com URLs diferentes, dependendo da parte da imagem em que é dado o clique.

Internet. Um conjunto de redes e computadores interligados no mundo inteiro. Todos os elementos da Internet compartilham informações, ou pelo menos correio eletrônico, por meio de protocolos de Internet mutuamente aceitos.

ISBN. Numeração internacional para livro (*International Standard Book Numbering*), referência de um título.

ISSN. Numeração internacional para publicações seriadas (*International Standard Serial Numbering*). Sigla adotada internacionalmente para indicar o número padronizado de uma publicação seriada (periódicos, jornais, anuários, revistas técnicas e afins).

Link. Uma palavra ou imagem especialmente determinada que, quando selecionada, leva um *browser Web* a uma nova página ou a um novo destino, que significa um endereço embutido na *Web*.

Média. Medida de tendência central que corresponde à soma de todos os valores de uma distribuição, dividida pela frequência total de casos.

Mediana. Medida de tendência central que corresponde ao ponto de uma distribuição de valores que separa os 50% de casos superiores dos 50% inferiores.

Método científico. Processo sistemático de aquisição de conhecimento que segue uma série de passos interdependentes que, para efeitos didáticos, podem ser apresentados na seguinte ordem: definição do problema (obstáculo ou pergunta que necessita de uma solução); formulação de hipótese (explicações para o problema); raciocínio dedutivo (dedução de implicações das hipóteses formuladas); coleta de dados (observação, teste e experimentação das implicações deduzidas das hipóteses — teste das hipóteses); rejeição, ou não, das hipóteses (análise dos resultados para determinar se há evidências que rejeitam, ou não, as hipóteses).

Moda. Medida de tendência central que corresponde ao valor de maior frequência em uma distribuição.

Monografia. O termo, segundo Severino,[9] designa um tipo especial de trabalho científico cuja abordagem se reduz a um único assunto, a um único problema, com um tratamento especificado. O trabalho monográfico caracteriza-se mais pela unicidade e delimitação do tema e pela profundidade do tratamento que por sua eventual extensão, generalidade ou valor didático. Ou ainda, segundo o dicionário Aurélio, é uma dissertação ou estudo minucioso que se propõe a esgotar determinado tema relativamente restrito.

Multimídia. O que incorpora muitos meios diferentes, frequentemente incluindo texto, imagens, sons, vídeo, animações e afins.

NB. Norma brasileira.

NBR. Norma brasileira registrada emitida pela ABNT (Associação Brasileira de Normas Técnicas).

Opus citatum ou *op. cit.* Obra já citada anteriormente.

Paradigma. Segundo Thomas S. Kuhn,[10] o termo representa grandes formulações teóricas que servem implicitamente, por um período de tempo, para legitimar problemas e métodos dentro de determinado campo de conhecimento, para gerações de pesquisadores. Os paradigmas apresentam duas características básicas: a) são suficientemente inovadores, a ponto de atrair adeptos de outras modalidades de atividades científicas; e b) são suficientemente abertos, permitindo que toda sorte de problemas seja resolvida por seus adeptos.

Parâmetro. Medida calculada a partir de todas as observações de uma população. É designado por letras gregas.

População. Uma totalidade de quaisquer elementos que possuam uma ou mais características em comum que os definam.

Pressuposto. Afirmação aceita sem contestação e não investigada no âmbito de uma pesquisa.

---
[9] Severino, 1996.
[10] Kuhn, 1962.

Problema de pesquisa. Consiste numa pergunta ou afirmação que revela uma situação de inquietação ou perplexidade diante de algum aspecto do conhecimento, que leva à definição de um objetivo e à formulação de indagações ou hipóteses.

Projeto. É um termo passível, segundo o dicionário Aurélio, de mais de uma interpretação. No entanto, para fins de monografia, projeto é empregado no sentido de proposta específica de trabalho, com o objetivo de definir uma questão e a forma pela qual ela será investigada.

Rede (Net). Um termo genérico que sugere a livre associação de todos ou da maioria dos computadores do planeta. Geralmente se refere a um conjunto de redes interligadas. Termo normalmente mais definido do que Internet, mas ambos os termos são mais ou menos equivalentes.

Servidor. Uma parte de um *software* ou de uma máquina que age como fonte centralizada de informação ou de recursos de computação (como *sites Web*, menus *Gopher*, *arquivos FTP* e afins) que se encontram disponibilizados aos clientes.

Site. Uma localização na Internet que frequentemente abriga — ou é *host* (computador que executa programas de forma centralizada ou torna arquivos de dados disponíveis para as *workstations*/micros situados na rede) — um ou mais servidores, ou um conjunto de páginas relacionadas na *Web* (às vezes é também chamada de *webespaço — webspace*).

Teoria. Em sua forma mais simples, uma teoria é uma construção simbólica delineada para reunir fatos generalizáveis (leis) em conexão sistemática. Consiste em: a) um conjunto de unidades (fatos, conceitos, variáveis); e b) um sistema de relações entre as unidades.

Teórico. Relativo a teoria. No contexto científico, não pode, de forma alguma, ser confundido com aquilo que se contraponha ao empírico, ou com aquilo que negue a prática.

Teste estatístico. Procedimento por meio do qual hipóteses são testadas, à luz de dados obtidos de amostras.

URL. *Universal Resource Locator* (localizador universal de recurso) ou *Uniform Resource Locator* (localizador de recurso uniforme), que na prática significa um endereço na Internet.

Validade. Propriedade de um instrumento de medida que reflete até que ponto ele realmente mede o que pretende medir.

Variável. Símbolo ao qual se designam valores numéricos.

Web. Significa *World Wide Web*.

World Wide Web. Um subconjunto ou seção da Internet que consiste em todos os recursos que podem ser acessados por meio do protocolo *HTTP* ou quaisquer outros protocolos da Internet que um *browser Web* possa entender.

APÊNDICE 2

Estrutura de uma monografia (NBR 14724:2002)

Capa (elemento obrigatório)

Proteção externa do trabalho, sobre a qual se imprimem as informações indispensáveis à sua identificação (IES, autor, título da monografia, local e ano de sua elaboração).

Folha de rosto (elemento obrigatório)

Folha que contém os elementos essenciais à identificação do trabalho, semelhantes aos da capa, além da indicação do motivo de sua elaboração.

Folha de aprovação (elemento obrigatório)

Folha que contém os elementos essenciais à aprovação da monografia, semelhantes aos da capa, além do nome do professor orientador e de espaço para a nota a ser obtida.

Dedicatória (elemento opcional)

Folha onde o autor dedica sua monografia a quem quiser.

Agradecimentos (opcionais)

Folha onde o autor faz agradecimentos dirigidos àqueles que contribuíram de maneira relevante para a elaboração de sua monografia.

Epígrafe (opcional)

Folha onde o autor apresenta uma citação, seguida de indicação de autoria, relacionada com a matéria tratada no corpo da monografia.

Resumo na língua vernácula (elemento obrigatório)

Apresentação concisa dos pontos relevantes de um texto, fornecendo uma visão rápida e clara do conteúdo e das conclusões da monografia.

Resumo em língua estrangeira (elemento obrigatório)

Versão do resumo para o idioma de divulgação internacional.

Lista de ilustrações (elemento opcional)

Elaborada de acordo com a ordem apresentada no texto, cada item designado por seu nome específico, acompanhado do respectivo número da página (desenhos, esquemas, fluxogramas, fotografias, gráficos, mapas, organogramas, plantas, quadros, retratos e outros).

Lista de tabelas (elemento opcional)

Elaborada de acordo com a ordem apresentada no texto, cada item designado por seu nome específico, acompanhado do respectivo número da página.

Lista de abreviaturas e siglas (elemento opcional)

Relação alfabética das abreviaturas e siglas utilizadas no texto, seguidas das palavras ou expressões correspondentes grafadas por extenso.

Abreviatura: representação de uma palavra por meio de algumas de suas sílabas ou letras.

Sigla: reunião das letras iniciais dos vocábulos fundamentais de uma denominação ou título.

Lista de símbolos (elemento opcional)

Elaborada de acordo com a ordem apresentada no texto, com o devido significado.

Símbolo: sinal que substitui o nome de uma coisa ou de uma ação.

APÊNDICE 2

Sumário (elemento obrigatório)

Enumeração das principais divisões, seções e outras partes do trabalho, na mesma ordem e grafia em que a matéria conste nele.

Introdução (elemento obrigatório)

Parte inicial do texto, onde devem constar a delimitação do assunto tratado, objetivos da pesquisa e outros elementos necessários para situar o tema do trabalho.

Desenvolvimento (elemento obrigatório)

Parte principal do texto, que contém a exposição ordenada e pormenorizada do assunto. Divide-se em seções e subseções, que variam em função da abordagem do tema e do método.

Conclusão (elemento obrigatório)

Parte final do texto, na qual se apresentam conclusões correspondentes aos objetivos ou hipóteses.

Referências (elemento obrigatório)

Conjunto padronizado de elementos descritivos retirados de um documento, que permite a sua identificação individual (NBR 6023:2002).

Glossário (elemento opcional)

Relação de palavras ou expressões técnicas de uso restrito ou de sentido obscuro utilizadas no texto, acompanhadas das respectivas definições.

Apêndice (elemento opcional)

Texto ou documento elaborado pelo autor, a fim de complementar sua argumentação, sem prejuízo da unidade nuclear do trabalho.

Anexo (elemento opcional)

Texto ou documento não elaborado pelo autor, que serve de fundamentação, comprovação e ilustração.

Índice (elemento opcional)

Lista de palavras ou frases, ordenadas segundo determinado critério, que localiza e remete para as informações contidas no texto.

Este livro foi impresso nas oficinas gráficas da Editora Vozes Ltda.,
Rua Frei Luís, 100 – Petrópolis, RJ.